一生懷抱幾人同

民國學人

生平考索

方韶毅　著
向繼東 主編

目錄

林損胡適交惡考

我的父親林損

想起次愷

尋找史美鈞

「失蹤」的孔德

「文學青年」湯增敭

伍叔儻的魯迅印象

本文寫於二〇二〇年八月二十一日，即發表於《新文學史料》第六期。

伍叔儻在魯迅交往錄中是一位無足輕重的人物。

魯迅提到伍叔儻，只日記中有一處。一九二七年一月二十四日：「曇。午後甘乃光來。中大學生會代表李秀然來。徐文雅、潘考鑑來。騮先來。伍叔儻來。下午寄鍾憲民信。廣平來並贈土鯪魚四尾，同至妙奇香夜飯，並同伏園。觀電影，曰《詩人挖目記》，淺妄極矣。」

魯迅一九二七年一月十八日抵廣州，次日移入中山大學大鐘樓居住。一月二十四日，是魯迅到廣州的第七天，伍叔儻前往大鐘樓探訪。次日，中山大學學生會舉行歡迎會，魯迅「演說約二十分鐘」。三月二十九日，魯迅遷居白雲路。九月二十七日，魯迅赴滬。

魯迅在廣州雖只生活了八個月又十天，但同在中山大學任教，他與伍叔儻的交集，肯定不限於此，至少還有兩次同會的紀錄。二月十二日，中山大學文史科第一次教授會議。〈會議紀事錄〉載：「到會者：周樹人、徐信符、伍叔儻、馮天如、陳功甫、龔夫人、何思敬、傅斯年。本日將應定之科目，及每人認定之科目，草擬妥當，並實行每人十二小時之規定。未議他事。」四月十三日下午二時半，預科第三次國文教務會議。〈會議紀事錄〉載：「主席：陳宗南。紀錄：鐘敦耀。出席者：周樹人、傅斯年、陳宗南、石光瑛、黃佐、黃炳照、伍叔儻、胡伯孝、關卓雲、楊偉業、許壽裳。」議決本學期國文時間之分配等四事。（原載《國立中山大學校報》第十一期、第十六期）

一九八一年版《魯迅全集》注釋伍叔儻：「名俶，字叔儻，浙江瑞安人，北京大學國文系畢業，一九二七年任中山大學預科教授，中山大學國民黨特別黨部區分部委員，朱家驊內親。」二〇〇五年新版《魯迅全集》注釋略做修改，改「俶」為「倜」，改「內親」為「連襟」，並增生卒年，西元一八九七至一九六六年。

《魯迅全集》新舊版注釋之增改，並沒有補充多少資訊量，可見對伍叔儻的陌生程度。伍叔儻名倜，又名俶，新舊版注釋皆無誤。早年在北京大學就讀時，還用過「一比」這個名。據《伍氏宗譜》載，其字鶴笛，號叔儻，以號行。中山大學之前，曾任教於浙江省立第十中學、上海聖約翰大學、光華大學等。伍叔儻早於魯迅任教於中山大學。一九二五年，伍叔儻經姜琦推薦到廣東大學任教，兼任中央政治會議祕書。一九二六年，廣東大學改稱國立中山大學後，本擬從軍北伐，聽聞傅斯年要來中大，決計留在廣州。伍叔儻

青年伍叔儻（刊於一九二三年《約翰年刊》）

與傅斯年是北大同學。「很多朋友勸我從軍，我總覺得同孟真同事是光榮的，不肯去。」（伍叔儻〈憶孟真〉，收錄於《諤諤之士：名人筆下的傅斯年　傅斯年筆下的名人》，王富仁、石興澤編，東方出版中心一九九九年七月第一版）

伍叔儻元配李氏未過門即卒，繼室張氏一九二六年十月去世。與朱家驊連襟，是在張氏之後，與程佩文結婚。程氏乃朱家驊夫人程亦容之妹。伍叔儻初見魯迅時，當未與程氏結婚。時顧頡剛與伍叔儻來往甚密，其日記一九二八年十一月十一日第一次出現「叔儻夫婦」字樣，而七月八日則有「到商務書館購叔儻禮物」，七月十日「到叔儻處，送賀禮」，可能是送結婚禮物。後來，朱家驊與程亦容離

中山大學的鐘樓，魯迅曾居於此

婚，伍叔儻與程佩文也離了婚，朱家驊、伍叔儻彼此是曾經的連襟。

一九三二年暑假後，伍叔儻到中央大學任教授。朱家驊接掌教育部部長後，伍叔儻兼任教育部參事。一九三六年十二月，朱家驊出任浙江省主席。伍叔儻於次年八月任省政府祕書長，不到三個月辭職。一九三八年，伍叔儻擔任武漢《國民讜論》旬刊總編輯。一九三九年，伍叔儻任教於重慶大學。同年，出任中央大學師範學院國文系主任。一九四九年，伍叔儻渡海，任臺灣大學教授。一九五二年八月，應東京大學、御茶水女子大學之邀，赴日講學。一九五七年，受聘於香港崇基學院，直至一九六六年逝世。

伍叔儻一生從事教育，多次參與起草與修訂教育部中小學國文課程標準，參與編輯《第一次中國教育年鑑》、《大學國文選》。伍叔儻以創作五言古詩見長，教的是中國詩學史、歷代文選、《文心雕龍》之類課程，但卻「完全沒有那個時代一些教古典文學的中文系教授那種嚴肅古板、道貌岸然的神氣」。他與新文學作家往來，並請他們到校任教、講座。他懂英文，經常手裡拿的是正在讀的英文小說。（錢谷融〈我的老師伍叔儻先生〉，載《散淡人生》，上海教育出版社二〇〇一年三月版）作家徐訏說：「談談文學，我們的修養並不相同，我們的見解也並不一致，但是總是有許多話可以談。專攻舊文學的人與我談談文藝思想與文學趣味而令我敬佩的人並不多，伍叔儻先生則是很少的人中

的一個。」（徐訏〈悼念詩人伍叔儻先生〉，載《徐訏文集》第十一卷，生活・讀書・新知三聯書店二〇一二年八月版）

伍叔儻在中央大學時的學生錢谷融回憶，伍叔儻「特別推崇魯迅，認為他的成就遠在其他作家之上」。

一九三九年三月，伍叔儻撰寫〈選擇高中國文教材標準的理論〉（連載於《教育通訊》週刊第二卷第二十二期、第二十三期，民國二十八年六月版，均署名索太），就對魯迅散文給予高度評價：「白話文的時期很短，作品好的很少是真的。但是周魯迅的散文，我認為在歐陽修、歸有光散文之上，真是魏晉人語，可以全讀。」

後來，在日本講學，伍叔儻多次提到魯迅的成就。分析《文心雕龍》時，伍叔儻說：「寫文章必須留有一定餘地。章太炎的駢文精美巧妙但卻無任何餘地。在王湘綺而言，文章既要無疏漏又有一定餘地。近代的白話文作家中，能將文章的疏密硬軟搭配合理的只有魯迅一人。」又說魯迅文章的意境豐富：「魯迅除古文學的知識外，還深受醫學、科學知識與日本以及北歐文學思想的影響。因此具有前所未有的豐富意境。當代中國文人中有人即使學習了英美知識，但沒有古文學的造詣，因此意境偏頗是無法產生好作品的，巴金和茅盾在這一點都不及格。但曹禺卻值得關注。」並評價了《阿Q

正傳》：「然而魯迅的作品中思想內容又是否充實呢，這一點還有待探討。《阿Q正傳》只是單純的描繪了中國人心性固有的一種『蘇州人打架』的心理。」講蘇東坡詩文時，又說：「欣賞美景酣飲美酒引發情趣，這是詩人一般的習慣。但是東坡卻從其中感到空虛的悲哀而有感而吟。這是道家的作風，確實與普通詩人不同，但現在看來還是有些美中不足。要推動文學的發展，就必須給予絕對的自由。東坡的生活裡也有很多拘束。總之，文學者總是被拘束所束縛和影響。像魯迅一樣不畏生命的危險走自由之路的文學家值得崇敬。」（〈伍叔儻教授講義概要〉，滕堂明保、片岡政雄、近藤光男合編，一九五四年二月油印本，張以譯，載《伍叔儻集》，方韶毅、沈迦編，黃山書社二〇一一年七月版）

日本《文學界》雜誌一九五四年二月號刊發了伍叔儻與魚返善雄對談中國文學的報導（〈談談中國文學〉，周語譯，載《甌風》第十三集，文匯出版社二〇一七年六月版），其中專門論及魯迅。魚返善雄問：「在日本，魯迅是作為非常陰暗的作家介紹來的，但是與此同時，他的文章非常富有幽默感，這一點很有意思。」伍叔儻答：「說魯迅是陰暗的，是因為他是先把陰暗面剖析出來，之後讓人向著光明的道路前行，這樣考慮著寫作的吧。我對魯迅是非常敬服的。」上世紀五十年代初，東京大學一些學生因伍叔儻是從臺灣來的學者，而「國民政府不承認中國大陸」，就起來反對伍叔儻來上課。相對大陸來的冰心，學生們就很歡迎。另一方面，極右勢力又反對魯迅，伍叔儻因在東京中華學校講《阿Q正傳》，受到檢舉。

對談中，伍叔儻回憶了魯迅在廣州的生活：「魯迅先生在中山大學受到優待，比我們這些老資格的教授的月薪還要高。他身邊帶著一位年輕女祕書，我不知道那是不是就是後來的夫人許廣平女士。他從最開始月薪就有五百元，而我們最高就是三百六十元。魯迅和文學部部長是同樣的薪水。那個時候，僱一個女祕書要花費八十元。魯迅先生在睡覺的時候有洗腳的習慣，那個女祕書每晚要幫他洗腳。因此，大家都覺得非常不可思議。」當時，許廣平也在廣州。這個所謂的祕書應是許廣平了。但洗腳的傳聞，恐怕其他人未提過。

伍叔儻對魯迅的古文功底讚賞不已：「我那個時候因為是教古文的，腦子裡覺得白話文是玩笑，魯迅什麼的也不當回事。不過，有一次教員會議的時候，大家一起編學生用的古文教科書，各位教授分工合作，魯迅的名字沒有列入其中。那個時候，魯迅說了一句非常奇怪的話：『相比於白話文，還是把文言文體的文章多選入教科書比較好。』白話文的選手說『多選入文言比較好』，我覺得很奇怪。那個時候我正忝任出版部的主任，看了魯迅這樣的態度，我心想：『這傢伙，看樣子文言也能寫得不錯呐。』魯迅的講義要複印什麼的，都是在出版部印刷。在那裡出版的，就有有名的《中國小說史略》。看了這本書，我心中感慨：『什麼嘛，這個人不是如此擅長古文嗎？』」伍叔儻所說的教員會議，應是上述四月十三日預科第三次國文教務會議。其議案除本學期國文時間之分配外，還有「本學期學術文，以北京大學出版之學術思想文，及模範文學標準；該二書之目錄，由預科辦事處印發各教員，俾資選擇講授」，「本學期近代文，推薦許壽裳先生及楊偉業先生先行選定，然後採用；前選各篇，須列明著作人，及出版處，交由預科辦事處，印發各教員」等三項，魯迅所發議論符合議案所提內容，而魯迅日記四月十三日未記。伍叔儻曾接郁達夫的班，任中山大學出版部主任。《中國小說史略》各版本均在北京出版，未見有中山大學印本。魯迅在中山大學所印或為他講課用的《古代漢文學史綱要》，收入《魯迅全集》時改為《漢文學史綱要》。

伍叔儻還進一步談到魯迅在北大的情況：「說到《中國小說史略》出版的前後經緯，民國六、七、八、九、十年的時候，北京大學正是全盛時代，那本《小說史略》成書的時候，北京大學已經過了全盛期，差不多進入衰落的時代了。白話文文學運動也漸漸失去動人心弦的力量，民國十一、十二年，也就是到了魯迅最賣座的時代後，即使在大學裡，對於『老師行不行』，學生們也開始變得以是否擅長古文來判斷。魯迅在北京大學的地位並沒有那麼高，好像終究也沒能當上教授，僅僅是講師。當時北京大學的老師，教授之外還有講師，講師有兩種，一種是真的有學問但是因為不是本職所以作講師的，另一種是剛剛開始因為沒有學力所以作講師的人。魯迅當然是前者，雖然有學力，但是不是本職。」

在談到中國古代典籍時，伍叔儻說：「即使像魯迅那樣的人，對古代的所謂經書，也就是代表性古代典籍那樣的經書，也不大讀的。他主要讀唐代以後以文言寫作的小說，歷史相關的代表作什麼的也好像幾乎不大讀。」

伍叔儻與老舍、曹禺、陳白塵、臧克家、吳組湘、俞平伯、葉紹鈞等新文學作家皆有往來，與鍾敬文、錢鍾書等也有交情，但他卻說，「現在中國新的文藝作家，文章非常幼稚，不值得一看」。「現代中國文學除了魯迅那樣的，其他的都不用買來看。」伍叔儻藉魯迅與老舍的對比，不僅指出新文學作品拙劣的原因，更是指出魯迅對中外文學都有很不一般的見解及中文、日文皆能閱讀寫作的深厚功底：「現代文學中，魯迅之外，我還讀過《駱駝祥子》，不過老舍的文章，不知哪裡有一點不夠的感覺。老舍和魯迅相比，還是魯迅水準更高一點，作為文章來看是沒法比的。為什麼中國新文學作品的文章都比較拙劣呢？其中的理由，我認為是文學的心境沒有提高。留學畢業的那些人寫得生硬的文章有很多。中學還沒畢業就來日本留學，回國的時候，因為除了中學的書以外都沒讀過，自己國家文學作品的真正優點還不知道呢。然後從外國回來馬上就進行創作，寫不出像樣的東西。不過留日學生還算好的，像郭沫若等人來日本之後也讀了水準較高的文學作品，回國後對自己國家的文章也有某種程度的鑑賞，對其精神也能有所領悟；最麻煩的是留學西洋的人。那些傢伙去了外國哪怕過了三年五年，對外語的好處也不十分明白，而自己國家的好處就更不知道。所以就出現了那種只讀了《詩經》開首第一篇，就覺得自己懂了中國詩的傢伙。像魯迅那樣的人，中國的文章自不必說，日本的文章也不僅僅是讀得懂，而且能寫。」

談到幽默文學，伍叔儻評論：「如果要在中國找真正能寫幽默文章的人，要屬清末湖南學者王闓運吧。另外能用國語體寫幽默文章的人，要屬魯迅吧。能到魯迅的程度，才能毫無罣礙的說是真正的幽默。」、「林語堂雖然非常推重明代的小品文，但魯迅見了說，林語堂對於明代的文章也不太了解吧。我認為差不多就是那樣。」

難能可貴的是，伍叔儻回憶了自己拜訪魯迅的情形，這是對魯迅日記非常有益的補充：「魯迅的古文之工巧不讓黃侃先生。在那之前，我一直自覺比他長於古文，那時就有一點失去信心。於是我就主動去拜訪他，坦率的說了這些。不過魯迅非常寡言，基本上不太說話。那時即使說了長達兩個小時的話，魯迅也只是說了國民黨內部肅清共黨分子的話題，還有廣東的各式各樣的雜談而已。真是非常寡言。在魯迅那時候的日記中，好像出現了我的名字。」

一九五七年八月八日，伍叔儻在給鍾應梅的信中，亦表達了魯迅在新舊文體上遊刃有餘的觀點：「文章體制，用之各有所適，古人之所已知，故才高者兼備眾體。近如魯迅，尚識此理，故小說則用白話，而序傳墓誌，亦不廢雅潤之音。」（鍾應梅〈悼念伍叔儻先生〉，載香港《崇基校刊》第四十一期，一九六六年十二月版）

伍叔儻是舊文學裡的人，卻對新文學裡的魯迅極力推崇，這是值得注意的。這或許能讓我們重新認識那個時代新舊文學陣營的狀態。伍叔儻的魯迅印象，也可豐富魯迅研究。

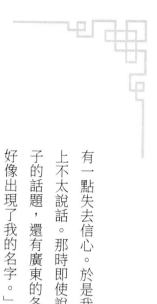

伍叔儻與胡適

本文寫於二〇一一年十月二十九日，發表於《現代中文學刊》二〇一二年第一期。

伍叔儻，名俶，又名倜，浙江溫州瑞安人，是胡適的學生輩。

胡適留學歸國任北京大學教授時，伍叔儻才入校不久，是文科中國文學系一年級新生。那時候，蔡元培主張「思想自由，相容並包」，校園風氣頓時一新。胡適扯起「文學改良」大旗，從者甚眾，連一心向舊學的傅斯年也跑到他這邊來了。然而，伍叔儻卻不為所動，只「五體投地」的佩服劉師培。

一九一九年一月，傅斯年、羅家倫等學生創辦《新潮》雜誌支持新文化運動，另幾位學生薛祥綏、張煊等則以劉師培、黃侃、陳漢章為臺柱辦起《國故》反對他們。伍叔儻站在了劉師培這邊，名列《國故》編輯。雖然，伍叔儻後來說：「我加入國故社與其說是『守故』，不如說是『依劉』。」但從此以後，伍叔儻或多或少被烙上了「國故」的印記。以至於過了三十多年後，胡適在日本碰到伍叔儻，還對他說：「叔儻，你是晚年變節。」伍叔儻正要回答，胡適馬上取消了他這句，說：「不是！不是！是忠實同志。」伍叔儻接著說：「我依舊喜歡文言的。」

伍叔儻一貫喜歡文言，尤其迷戀漢魏六朝文學。

十四、五歲，從鄉儒周筱齡讀《文選》，文思得以啟發。就讀浙江第十中學堂時，教師高誼先後授之《遜學齋集》、《歸有光集》、《曾文正集》等，但只愛讀《曾國藩家書》，後深喜六朝駢文和謝宣城詩即是受曾的影響。北大期間，新文學浪潮翻滾，卻能「杜門玩古，物疏道親，日誦六朝詩文，旁涉乾嘉諸老之集」。

北大畢業後，伍叔儻一直從事中文教學工作，先後任教於浙江省立第十中學、上海聖約翰大學、光華大學、中山大學、重慶大學、中央大學、臺灣大學、臺灣師範大學、香港中文大學以及日本東京大學、東京御茶水女子大學等校。其中在中央大學師範學院擔任國文系主任長達十年，影響頗廣。只是在一九三七年，應朱家驊之請，曾短暫擔任過浙江省政府祕書長一職。伍叔儻主要教授漢魏六朝文學課程。在中央大學所授是《文選》、《文心雕龍》，為東京大學、御茶水女子大學所請是專講八代文學，在崇基學院、新亞書院所講還是《文選》、《文心雕龍》。

青年胡適

伍叔儻在日本（吳萬景提供）

早年撰寫的《謝脁年譜》、《沈約年譜》、《兩漢社會風俗詩徵》、《八代詩中形容詞副詞的研究》等論文均有關漢魏六朝文學，晚年發表的《談五言詩》亦不離漢魏六朝文學範疇。他甚至說：「中國美文，只讀《後漢書》、《三國志》、《水經注》、《伽藍記》、《顏氏家訓》足夠一生欣賞。」

而且，作為詩人，他運用的創作載體主要是五言詩，這也是因為他對漢魏六朝文學的熱愛。伍叔儻的五言詩作品，具有相當高的成就，至今還有人提到。前不久，香港《明報月刊》發表汪威廉的回憶文章，即以「五字今無敵」為題。香港中文大學教授鍾應梅以為伍詩「當代獨步」並不為過。王韶生評曰：「初從小謝入手，並取法淵明、東坡兩家，堪稱明秀。」鄧仕梁說：「詩近陶謝而饒有新意。」孫克寬認為：「雅似湘綺翁，清勁則似三謝，頗善言情，彌盡物態，與湘翁之喬麗典重者異。」汪中撰寫《六十年來之詩學》，以「後起應推暮遠樓」為一篇之題，專論伍叔儻

伍叔儻在重慶中央大學授課（吳萬景提供）

的詩學成就。適然樓主《香港詩壇點將錄》，排列一九五四年至一九七四年，二十年間香港詩人座次，伍叔儻列第一，尊稱為「托塔天王」。

胡適晚年對伍叔儻的詩亦有評價。一日，胡適的祕書胡頌平在香港一刊物讀到伍叔儻的詩，於是對胡適說：「戰前我住在吳淞，有時晚上到吳淞江畔去散步。吳淞江是上海輪船出入的大港口，隨時可以看到或大或小的輪船從遠處駛來，江水被船頭劈成兩條滾滾的浪花，跟著船身前進。大的輪船過去了，船尾螺旋槳打起的波浪是很厲害的。小舢板遇到大輪船的大波浪，都用船頭頂住大波浪在那裡一浮一沉的掙扎。這景象，我寫不出詩來。叔儻先生那首五古〈海邊晚眺〉裡有兩句詩：後浪散圓紋，船頭飄飛絮。這是我心中想寫而寫不出的詩句，所以我特別欣賞。」又說，「我常在月夜仰看空中的浮雲，往往另有一種悠閒飄渺的美感。他那首七絕詩題，我現在已記不起來了，其中的兩句是：浮雲不下廉纖雨，伴月橫天作畫圖。」胡頌平感嘆伍叔儻「體物狀情」的工夫很深，能寫出鮮明逼人的印象。胡適說：「叔儻的詩是用力氣作成的。」還問：「他的詩集印出來沒有？你請他寄一本給我。」

然而，有人因為伍叔儻的研究領域和創作風格而把他看作是守舊的夫子，那實在是個誤會。他的學生錢谷融回憶：伍叔儻很開明，主持中央大學師範學院國文系時，頗能

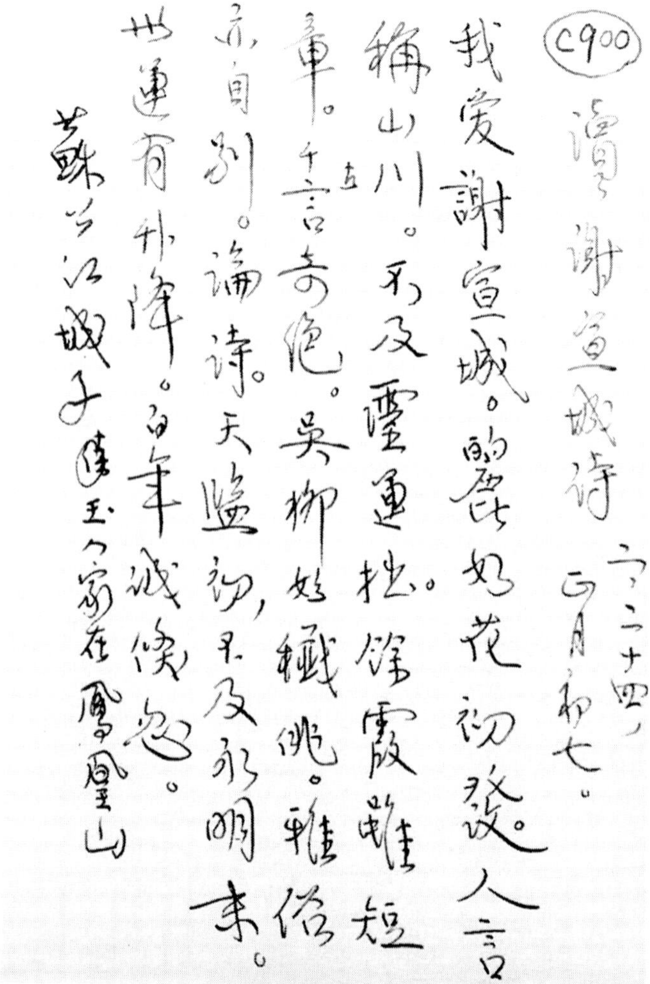
C900

讀謝宣城詩　六二，十四　四月初七。

我愛謝宣城。的皪如花初發。人言
稱山川。不及靈運拙。餘霞雖短
章。五言奇絕。吳柳始識佛。雖俗
亦自別。論詩。天監初，未及永明末。
世運有升降。百年識倏忽。

蘇子江城子　陳玉父家在鳳凰山

伍叔儻詩稿（黃君實提供）

繼承蔡元培兼收並蓄的精神。中央大學國文系一向比較守舊，只講古典文學，不講新文學。新文學和新文學作家是很難入這所學府講堂的。可伍叔儻不管這一套。聘羅根澤、孫世揚、喬大壯、朱東潤、楊晦、吳組緗等來任教，邀曹禺、朱自清、老舍等開講座。錢谷融與伍叔儻素有來往。有時，去他房間裡，見他手裡拿著正在讀的往往是英文小說。還知道他常透過日本的丸善書店從國外書店買書。平時與他閒談，常常是古今中外，出入文史哲各個領域。

可見，伍叔儻並不排斥新文學和白話文。只不過，他反對以文言語體來分文學的新舊，曾致函鍾應梅談及：「文章體制，用之各有所適，古人之所已知，故才高者兼備眾體。近如魯迅，尚識此理，故小說則用白話，而序傳墓誌，亦不廢雅潤之音。」又在論文中闡述：「文章體制，愈後愈變，愈變愈多。愈多則用之愈得其適。要是有了那一體打倒那一體，消滅那一體，那麼文學界永遠只有一種體裁來使用，其餘多是垃圾了。提倡的人固然非積極不調和不可，但是客觀的人便要有清靜的頭腦去觀察。中國文體有四言、五言、賦、詞、曲、白話、小說，等等。每一體都有一體的特殊用場。所以每一體都有每一體不可互相翻譯的名著，而且最古的文體只要有更大的文學家，一定仍舊可以產生很好很新的作品，至於世人所說的，這種體裁已經是陳腐了，不會產生好文學了，這一套恫嚇的語氣，一定有一天會證明其不確。」

類似的觀點，從伍叔儻評論胡適詩文的文章中也可得到發現。

比如〈談五言詩〉一文，講到「文言與白話不應該截然區分開來」時，舉例說：「胡適引入在《白話文學史》中的漢魏六朝的白話文學，如果是我的話則會作為文言文學對待。」

再比如他在崇基學院講課說：「有人學詩幾可亂真，可是以文學理論來說這是不好的，因為成了假古董，如胡適乃是。若作詩要成家，除了集古今大成之外是要自成一家，必定要有獨特之處。」之所以這麼說，是因為伍叔儻對於詩的要求是苛刻的。他認為《嘗試集》之類的白話詩並不成功，其「格調上較好之處已經為元曲中使用到」，「無論裡面有多少出色之處，也不能說是其獨創的吧」。「我對於古今文學各體，除了胡適的嘗試體，認為沒有成功，表示遺憾外；至於近年新興的小說、短篇小說、散文等，都要盡量的接受，同時想下工夫去學習。覺得我們的文苑裡添了新東西是嘉事。」

但這不妨礙伍叔儻對胡適創造性的認可。他在〈雜言詩概論〉一文指出：「近代乃有胡適，創為白話詩，多士向風，浸以成體。其詩以引用俗詩，不齊句讀，為其特質。雖作品尚少，人才未多。論其卓識，實非拘墟腐儒之所能逮。我知今後詩學，必為雜言最盛之期，又將由整齊而趨於參差矣。蓋詩體屢變，而雜言常為之樞紐。殆以其伸縮由人，變化可以無盡，而頗利於創造之故乎。」又在〈選擇高中國文教材標準的理論〉一文中高度評價：「我時常這樣想：中國文學史上，有兩個人是值得注意的。（一）是沈約，（二）是胡適。韓愈、姚鼐，非通人也。沈約的前有浮聲後須切響的理論，真巧妙。後來的近體詩詞曲彈詞，都由這個理論上成功的。他的理論，起初看起來是一條狹路，料不到會柳暗花明，別有天地。沈約的學說，可以說是曲徑通幽，胡適簡直是開馬路。沈約的《宋書・謝靈運傳論》與胡適的〈歷史的文學觀念論〉，同有其不朽的價值。」、「要想於中國各種詩體之外，創造新體，非先從灌輸外國音樂，來改造新興的樂章入手不可的。所以《嘗試集》對於中國詩學的貢獻，一定不會像桃花江毛毛雨大。怎管部令禁止，社會上仍舊是流行著。」

難怪徐訏這麼評價：「專攻舊文學的人與我談談文藝思想與文學趣味而令我敬佩的人並不多，伍叔儻先生則是很少的人中的一個。」

伍叔儻的人生沒有像他的同學傅斯年那樣和胡適有過多的交集，這和他的性情是有點關係的。正如香港一位叫容逋的作家說，憑伍叔儻的出身、學歷，是完全可以成為一位當代的「名學者」，「但是，他的徹底的詩人根性、他的詩人的不凡超俗的慧眼，使他能夠透視這一層層虛佞的煙幕，而獨脫群流；他的一生所表現的，徹頭徹尾是個詩人的真性。」

據胡頌平回憶，中央大學有四位「不通」的教授，伍叔儻是「金融不通」。他有整整一個星期，光用西瓜、花生米度日。這在抗戰期間並不奇怪。但他晚年在崇基學院有較高的薪水，依舊過著十分窘迫的日子，就只能說他始終是「金融不通」了。

錢谷融說，在重慶的時候，他一日三餐都上館子吃。有時嫌一個人吃太無趣，就邀請談得來的學生一起吃。「倒不是嫌食堂的菜不好，而是他散漫慣了，吃包飯得遵守一定的時間，還要與許多他不一定喜歡的人坐在一起，他受不了這些拘束，所以寧願多花些錢上館子裡吃。這樣，他可以愛什麼時候吃飯就什麼時候吃飯，愛上哪家館子就上哪家館子，愛吃什麼菜就點什麼菜，一切都可以隨心所欲，自由自在，無拘無束。」錢谷融還記得，在一次公開的會議上，伍叔儻主張把《晉書》列為教育部向大學生推薦的書目，遭到汪辟疆恥笑：「聽說此書為一溫州人所提，足見其陋。」但伍叔儻卻毫不在意，把此事當作笑談親口對他轉述。

伍叔儻的婚姻並不幸福。妻子余氏要離他而去，伍叔儻親送出嫁；婚後，還關切的問余氏生活如何。

如此等等瀟灑作為，在一般人看來是無法理解的，真真是人如其名。

抗戰結束後，中央大學遷回南京，伍叔儻在玄武湖畔購置住宅，取齋名暮遠樓，請胡適題寫。「日暮途遠」，多少含有無奈和淒涼的意味。

一九四九年，伍叔儻去了臺灣，後流轉東京、香港等地。在日本，他本來受聘於東京大學，但受到一些學生的排斥，生活過得清貧，便又收了些私人弟子，在外教授中國文學。一九五三年初，胡適訪日，在東京大學文學院招待會上碰到伍叔儻，約他第二天單獨見面。胡適關切的問伍叔儻，是否有意換到其他大學去教書。伍叔儻表示在外國學校教中文沒有很大的興趣。胡適說：「你要怕日本人改漢字，一個人登在這裡沒有什麼用。改也好，不要反對他。」從這次談了之後，伍叔儻非常佩服胡適的聰明才智：「考據小心，而神明映澈，毫無呆氣，確是人才。語言之妙，真如有人誇吳清源下棋，一著顧到幾十著。」對胡適的觀感也因此與二十年前大不同了。

伍叔儻與胡適最後一次見面是在一九五八年，東京大使館。那次他們談了對近代新文藝作家的看法，意見很相近。伍叔儻感嘆：「世故深了，距離自然也不至太遠。」並承認胡適很多通方之論，絲毫沒有冬烘氣。

一九六二年二月二十日，胡適在臺北去世。伍叔儻即寫了〈敬悼胡適之先生〉，發表在三月出版的《祖國》週刊第三十七卷第十一期上。

先生負天下盛名，四十餘年。死之日，幾於無疾而終，以溫良恭儉讓的先生，死得沒有什麼苦痛，至少，在我感到安慰，同時有點羨慕。

所謂蓋棺論定，我並不在作論。只知道胡先生是好人，是有學問的人，是一位可敬而且可愛的人。二十年前，對於文學上的歧見，最近幾年來，倒漸漸接近了，雖然尚有許多不敢苟同的地方。大體上，先生無疑是先覺。

天下可死之人多著呢，爲什麼輪到你頭上來？要是小心一點，出門隨從醫生，開會不要離開家，也許不至於就死。先生是國家眉目，擺在那裡看看，也是要的。臺北的親友們，要負相當責任的！

先生「言滿天下」，而學有專精，其高深修廣，也不必妄加窺測。「文術多門，各適所好」，其雅俗佳惡，更不應妄有論列。總而言之，我始終認爲先生是人倫師表，不徒在於學術文章之間。大海風濤，把舵人已經沒有了，眞可怕極了。

雖然，伍叔儻和胡適談不上志同道合，但對於胡適這麼一位「通人」，伍叔儻無疑是由衷的敬仰和敬佩的。文章最後，伍叔儻引用《後漢書》傳論中論孔融和陳寔的兩段文字，六十三字，「敬弔先生」：「鄭昌有言：『山有猛獸，藜藿為之不采』。」、「維陳先生進退之節，必可度也。據於德故物不犯，安於仁故不離群。行成乎身而道訓天下……所以聲教廢於上，而風俗清乎下也。」並俏皮的說：「先生有知，不知嫌是駢文否耳。」這恐怕是伍叔儻對胡適「晚年變節」「同志」之嘆的一種小小回應吧。

吳鷺山的命運

本文寫於二〇一二年五月二十一日，收錄於《東甌筆譚：溫州文史同人精選集》，中國文聯出版社二〇一五年五月版。

我常想，以普通人的衡量標準來看，地域對一個人獲得成就的影響到底有多大？記得那年我辭職北上，單位主管氣呼呼的說，魯迅不離開紹興，就成不了魯迅，所以支持你。雖含諷意，想想卻不無道理。就拿吳鷺山來說，憑他的學識，如果也能像夏承燾那樣，在京滬杭等大城市教學做研究，得以一展風采，會是怎樣的人生呢？

吳鷺山生於一九一一年，夏承燾生於一九〇〇年，兩人年紀相差十一歲。他們相識於一九三二年，恰是風華正茂。梅冷生素推崇吳鷺山，夏承燾自杭返里，特為介紹：「二君可契金蘭。」吳鷺山自然也早聞夏承燾之名了，四十年後回憶他們初次見面：「握手之頃，覺溫雅照人，誠所謂珠玉在瓦石間也。遂爾定交。」那一天是一月二十七日，夏承燾在日記中寫道：「遇樂清吳天五君，才二十二、三歲。冷生甚稱許之。午後過其家，看收藏名畫甚精，啖雁山蕃茄棗甚美。」寥寥數言，已然有默契在了。後來還曾自比與吳鷺山的交情為李白杜甫：「君不為杜陵可聽便，吾則決為青蓮學士矣。」李杜年齡亦相差十一歲。

胡蘭成化名張嘉儀沉潛在溫州的時候，夏吳二人因劉景晨之介認識了胡蘭成。在《今生今世》中，胡回憶在劉景晨家看到弘一的字，想起馬一浮的書法，就拿弘一與馬一浮的交契，來比吳鷺山與夏承燾，離溫後在杭州見到夏承燾，談起吳鷺山，又說他們的交情可比元稹與白居易。

不管是李杜、元白，還是弘一與馬一浮，以這幾對大名鼎鼎的人物來比喻，可見吳鷺山與夏承燾交誼之深、性情之近，但更多的是學術上的投契。

夏承燾的學術成就自不必多說了，浙江古籍出版社、浙江教育出版社出版的《夏承燾集》厚厚八冊，論著四卷、詩詞一卷、日記三卷，尚不算與人合作的書稿。

吳鷺山的才華並不遜色於夏承燾，就目前所見論著、詩詞、隨筆結集有《周易學》、《讀莊十札》、《尚書今文辨疑》、《杜詩論叢》、《讀陶叢札》、《光風樓詩詞》、《光風樓詩詞外編》、《雁蕩詩話》、《停雲錄》、《光風樓隨筆》，編校或與人合作編校有《杜甫詩選》、《王梅溪詩文及年譜》、《蘇軾詩選注》等，另有散佚手稿及刊發在《文獻》等報刊的〈蘇詩七札〉、〈《詩經》學述評〉、〈關漢卿和他的雜劇《竇娥冤》〉、〈論書散記〉等，計四十餘萬字。

錢理群、袁本良合編《二十世紀詩詞注評》，收錄康有為、陳三立、嚴復、鄭孝胥、魯迅、周作人、朱自清、俞平伯等三百零二家六百餘首舊詩詞，吳鷺山亦在此列，可見他的詩詞創作水準。所選三首為〈過四十九盤嶺〉、〈太常引・悼浦江清教授〉、〈過金華雙溪有懷李易安居士〉，注者評價頗高。錢志熙亦指出吳鷺山「通經貫史，而所專詣者，究在吟詠一事」。

吳鷺山對杜甫其人其作深有研究，曾與浦江清合作編注《杜甫詩選》，並撰有《杜詩論叢》，與郭沫若「揚李抑杜」之說針鋒相對，不畏權威，有膽有識。

夏承燾出版的論著均在詞學方面。而吳鷺山在學術上涉獵似乎比夏承燾更廣，不僅研究了杜甫、陶淵明的創作，還鑽研了易學、莊子、《尚書》等。當然，這裡有個博與專的爭議，暫且不論。起碼說明了吳鷺山治學的系統性，走的是傳統士大夫的道路。

吳鷺山出身書香門第，幼承庭訓，其父吳莉賓，為清庠生，頗有雅風，著有《菊廬

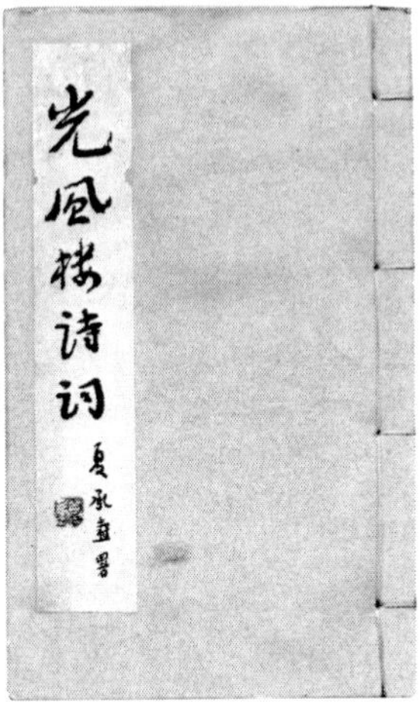

吳鷺山《光風樓詩詞》書影

吳鷺山（右）與夏承燾

集》等。後又拜鄭淡如為師專心向學。鄭係清廩生，與劉之屏、洪邦泰合稱為「樂西三才子」。二十來歲，吳鷺山已有聲名。梅冷生贈詩曰：「胸中爛熟杜陵詩，文采風流乍見之。南戒山川盡雁蕩，始知晚出獨靈奇。」

然而吳鷺山後來的人生路徑卻遠非夏承燾那般順暢，幾度赴滬杭謀職未果。一次在一九三八年底，等了三、四個月，好不容易在澄江中山大學謀得教職，卻因日寇戰火逼近而匆匆返溫。再一次是一九五〇年前後為前途奔波，半年多光景無著落，家裡都揭不開鍋了，甚至到了聽從鄉人勸欲來往津滬經商的地步。他寫信給夏承燾提及「不欲食嗟來之食」，困頓焦灼之態可見一斑。當時，夏承燾為吳鷺山四處找關係，問張宗祥，問夏鼐，問鄭振鐸，為他求職。王季思也從廣州來函，請吳鷺山南行謀職。在上海《文匯報》任職的吳無聞為哥哥的工作少不了出力。這麼多親友相助都無濟於事，吳鷺山最後還是回到了老家。

一九四〇年代中後期，吳鷺山先後在浙江省立第十中學（現溫州中學）、永嘉縣立中學（現溫州二中）教書。終於在一九五三年，由夏承燾、任銘善推薦到浙江師範學院中文系任教，後調至浙江教師進修學院。但吳鷺山在杭州教書，卻是不受重視，甚至受到排擠，夏承燾一九五三年八月一日日記曾記：「主管與系中一部份同事不能了解天五之學，心叔大為憤恨。」一九五七年年底，吳鷺山在反右運動中「被議」，不久即被遣返回鄉。其後，一九六二年雖曾應聘赴長春，在東北文史研究所專授《詩經》課，那也不過是他最後的教書生涯了。

又要回到俗套的性格決定命運論上去了。李白瀟灑，杜甫沉鬱；元稹圓潤，白居易執著；弘一得釋家禪味，馬一浮具道家風骨。因此他們的命運各不相同。吳鷺山、夏承燾亦然。在我看來，夏承燾為人謹慎，一日三省，處處自律，善交往，深諳處世之道，一九五〇、六〇年代，各種改造知識分子運動風起雲湧，也能有立場的配合。一九五一年冬，參加皖北五河土改工作，夏承燾作詞讚頌。一九五八年九月十二日，夏承燾覆信馬錫鑑，表示獻出謝鄰（夏承燾在謝池巷的房子）窗門鐵欄以抗旱。吳鷺山被遣返

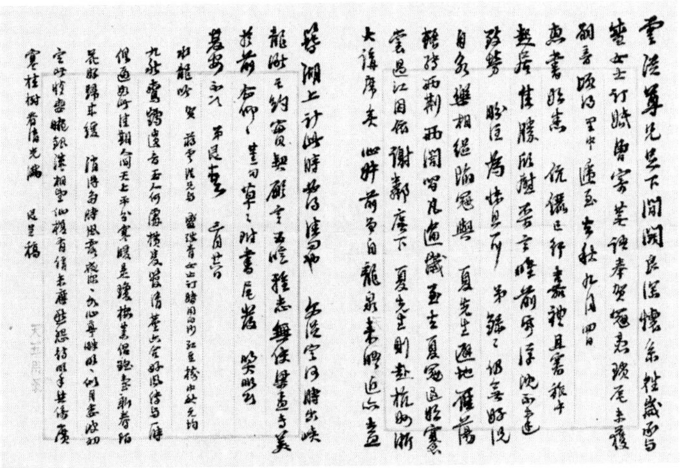

吳鷺山致蔣禮鴻書札（蔣遂藏）

老家，夏承燾在日記中亦作避諱，一九五八年後的日記幾無吳鷺山蹤跡。

而吳鷺山卻書生氣的多，他的妹妹就說他「書本知識太多，優越感太強，來杭亦非長久之計」。吳鷺山骨子裡是隱士做派。雁山下草屋一間，三五好友，品美酒、嘗美食，吟詩作畫、著書立說，是他嚮往的生活。吳鷺山在〈自題草堂〉云：「野水通雙槳，春山擁一村。牆東聊避世，花下且尋源。磊砢詩猶費，沉冥酒最尊。洩雲與還鳥，隱几得深論。」然而在社會大變革下，他感到無所適從。吳鷺山的幾次赴外謀職，不是在戰火紛飛之時，就是在政權變更之際，老天想眷顧他都難。這就是所謂人生的機遇了。

夏承燾走出去了，揚名天下，讓溫州人感到自豪。吳鷺山留下來了，對溫州來說何嘗不是幸運呢？總要人來共同支撐起這片小小的人文天空。雖然吳鷺山不是孫詒讓、劉景晨那樣領頭羊式的人物，但在他那個年代，溫州文化圈有他，總多了些色彩。尤其在吳鷺山平反後，與梅冷生、徐堇侯、王敬身、張鵬翼等人詩詞唱和，在地方文化圈裡扮演了承上啟下的角色。

吳鷺山是如此熱愛這片土地，哪怕是和溫州有關的隻字片語都要把它抄錄下來，珍如拱璧。夏承燾一九四七年七月二十四日日記，可為一證：「天五近讀《甌海軼聞》、《宋元學案》，有意為永嘉經制之學。謂將寫一簡編，教溫中學生，期有繼起。謂永嘉學雖融匯濂洛關蜀之傳，而溯源當及宿覺禪師之言心性，以經制之學不能離心性。天五嘗費十餘日力札注《證道歌》。是夕共談永嘉儒先遺事甚多。念當時季宣、水心、景望、止齋諸公會集雍容景象，誦江山如畫，一時多少豪傑之句，神往無已。又念今日鄉中諸顯宦偷薄情況，但有喟嘆。又談鄭景望不丐祠祿，王梅溪剛方，覺得聖賢煞是容易做到。今日理師友函札，得孟劬先生遺箋，乃答予問佛學者，謂今日中邦須為實際之學，佛學及西洋哲學，皆非要圖，不必汲汲費神於此，勸予留意永嘉經制之學。重聞天五之言，躍然心動。」這種熱愛貫穿著吳鷺山的學術生涯。

吳鷺山心裡裝著雁蕩這部大書。他視雁蕩為家山，結交夏承燾後即邀請他來遊，甚至築來禪樓等待夏承燾的到來，留下一段佳話。他在給蔣禮鴻的信中也寫道：「弟索居鮮悰，春間使龍園東草草縛一屋，花竹之下，聊供坐詠。但恨無素心人，如吾雲從，數此晨夕耳。雁山之約，深契願言，他日鹿車惠來，弟當笠笻相候於天柱、龍鍪間，班荊道故，而草堂風月亦得賢伉儷一來品題也，顒企顒企。」盛情如此。一九七七年夏，他邀徐堇侯、蘇淵雷到雁蕩避暑，見景生情，三老詩詞酬唱，為雁山人文又添一筆。蔣叔南經營雁蕩山事業，文武兼備，一邊維護名勝改善交通，一邊宣揚雁蕩文化，而吳鷺山雖無蔣叔南這樣的大手筆，但卻以他人無可取代的詩話形式為家山作傳，書寫一部雁蕩文化史。王伯敏在《雁蕩詩話》序中，盛讚「鷺山有卓識，所論更勝前人一籌」，「鷺山自己是詩人，詩人論詩，猶如畫家論畫，其個中三昧，在他筆下，通體明亮。何況鷺山這位名士，早有『三尺石階，露冷待月』的慧悟，故其話來多有曠達超塵之言」。此可謂知言。

一九八六年的最後一天，吳鷺山病逝，享壽七十六，葬於雁蕩淨名谷龍頭岩下，這無疑是吳鷺山作為雁蕩之子的最好歸宿。早他半年去世的夏承燾，一半骨灰也安放在雁蕩山麓。一代詞宗，雁蕩之子，同一歸處。誰能逃脫了呢？人生命運各不相同，到末了殊途同歸。

劉廷蔚：昆蟲學家、詩人

本文寫於二〇一三年二月二十六日，收錄於《甌風》第六集，中國文史出版社二〇一三年九月版。

偶得一九四〇年十一月版《貴州白蠟種蟲品質問題》作者劉廷蔚簽贈本，發微博炫耀。華東師範大學陳子善教授回覆貼文評論：劉廷蔚其人其詩，使我想起了蔡希陶，想起了鶴西，想起了賈祖璋……他們有一個共同的特點，都是動物或植物學家，或研究昆蟲學，或研究鳥類學，或研究農學，但都喜歡新文學，在生命的某一階段投身新文學創作，或詩或文，均頗有特色，值得關注和研究。

誠如斯言。下面就來說說劉廷蔚——棲息在昆蟲學領域的詩人，寄居在詩歌界的昆蟲學家。

長兄若父

劉廷蔚，英文名為 Lew Gideon Tingwei，一九〇三年二月生，浙江永嘉（今溫州市區）人。劉家篤信基督教，自其祖母起，已歷三代。父親劉世魁英年早逝，裡外全賴母親李璽操持，家教甚嚴。

劉廷蔚排行老五，大哥廷芳、大姐文端、二姐文莊、二哥廷藩，除弟弟廷蓀夭折，均深受長兄廷芳提攜。

司徒雷登曾評價劉廷芳「是全中國最有價值的二或三個華人基督徒之一」。上海聖約翰大學畢業後赴美留學，在哥倫比亞大學獲得學士、碩士學位及教育心理學博士學位；又在耶魯大學神學院深造，獲得神學學士學位，並被按立為牧師。司徒雷登接掌燕京大學時，邀劉廷芳回國，聘為燕京大學神科即後來的宗教學院教授。劉廷芳為推動燕京大學的改革做了極大的貢獻，同時積極致力於中國基督教會的自立和本色化發展，是當時中國基督教界的領袖人物。劉廷芳還是位詩人，曾出版詩集《山雨》、《她的生命》（合著）。作為最早把黎巴嫩詩人紀伯倫（Jubran）的散文詩介紹給中國讀者的翻譯家，譯有紀伯倫的《瘋人》、《前驅者》。

劉廷蔚的成長深受劉廷芳的影響。幼年求學於溫州的教會學校崇真小學和藝文學堂，燕京大學畢業後，留學美國，在康乃爾大學獲昆蟲學博士學位——彷彿是循著劉廷芳的蹤跡。文端、文莊、廷藩亦然。文端、文莊都就讀於燕京大學，後來分別嫁給在燕大任教的陸志韋、徐淑希。廷藩金陵大學畢業後也留學美國，學成後在清華大學任教。這些與劉廷芳在燕大的深厚資歷有很大的關係。

長兄若父，從一九三八年二月劉廷芳寫給劉廷蔚夫婦的一封信可見一斑：「伏念吾家自祖母大人皈依聖教，不畏萬難，打破一切舊禮教之束縛，屏除社會之一切迷信，創辦女子教育，開故鄉風氣之先聲，畢生虔誠、篤信、勵志、守道、懿範在人間，至今為鄉里所傳頌。祖母遺訓囑吾家子孫須世世信奉聖教。母親大人早歲守節，謹遵祖訓努力奮鬥，使吾輩得有今日，並使劉家垂絕之支得復而盛。飲水思源，不能不使吾輩激勵孝恩。」

山中歲月

劉廷蔚讀燕京大學前，曾在南京讀預科。正逢五四運動，走上街頭宣傳抗日，不料與警察起了衝突，受了內傷。但劉廷蔚依然忘我工作，四處奔走。有天回家，才到門口，口吐鮮血。臥床半年，變成肺病，一年後病情加重，不得不休學，上廬山普仁醫院養病，三年才痊癒。

山中歲月，成就了劉廷蔚詩人的地位。他以詩代信，寄給大哥。劉廷芳把這些詩陸續刊登在自己主編的《生命》月刊上，最早的一首當是〈銬鐐〉，刊於一九二二年一月第二卷第六期，共四節，其一如下：

我低頭看我手足上的銬鐐，
沉沉的嘆息，
上帝啊！
……
懲戒——作什麼？
豈不是疼愛？
豈不是痛惜？
受傷的蘆葦，
你不折斷。
將殘的燈火，
你不吹滅。
「世人算什麼？
你竟顧念他！」
上帝啊！
強忤的手足，

你就永遠鎖著罷！

盧山激發了劉廷蔚的靈感，他的新詩大多創作於這個時期。陶行知在致胡適的信中，介紹劉廷蔚是「一位最可愛的少年詩人」。一九二四年三月十一日，陶行知寫信給劉廷蔚，又稱他為「詩山裡的詩人」。這封信寫得很美：

詩山裡的詩人！盧山一山都是詩：樹是詩樹，草是詩草，花是詩花，水是詩水，風是詩風，月是詩月，雲是詩雲，雪是詩雪，鳥是詩鳥，獸是詩獸，晴是詩晴，雨是詩雨……山上有詩，山下有詩，山前有詩，山後有詩，滿山都是詩；還有那看詩，聽詩，讀詩，嗅詩，寫詩，一身都是詩的詩人。

詩人！你可曉得詩神要留你在詩山做甚？他一回兩回的招你上去做甚？他要你斫詩樹，採詩草，葬詩花，捕詩風，賞詩月，逐詩雲，弄詩雪，聽詩鳥唱歌，看詩獸跳舞，天晴山門遊詩山，下雨回家寫山詩……他要我送你詩斧、詩籃、詩筆……好叫你待山如詩，寫詩如山。詩人的詩山啊！千萬不要忘記了詩山外的詩人望眼欲穿的要看看詩山裡的詩人的詩！

在山上，劉廷蔚結識了詩人徐志摩，兩人談得很投機，經常一起散步，彼此交換近作、交流心得。劉廷蔚把徐志摩介紹給劉廷芳認識，劉廷芳〈追悼志摩〉一文記錄了此事。

劉廷蔚在廬山創作的詩歌還曾發表在《小說月刊》、《晨報副刊》、《京報副刊》等報刊。孫伏園主編的《晨報副刊》特地為他開「廬山小詩」專欄，一九二四年四月二十六日刊出首篇，以劉廷蔚的來信代序：

伏園先生：

蔚在廬山養病已近二年，在這裡看雲霧，看野花，看山溪裡的瀑布，這林野岩壑的生涯，給我很大的感化。我愛山中的一切，情緒濃的時候，也乘興寫寫詩，寫的有：很長的旅遊詩，很短的小詩，四行一節的韻文詩，日記式的散文詩，亦作了一些抒情詩。今天動了興，抄了幾首最近作的奉呈，請登在《晨報副刊》上。

人間春深了，山中還留得數峰殘雪！滿澗奔流的泉水，帶著微微的綠色，亦不知道這微綠的是哪裡來的。昨宵聽一夜的雷雨，早上又被山雀們啼醒了，我起來到前山去散步，見沿溪的地丁花都帶雨放苞了，我採了滿掬回來，現在乘便分一點給你——給你忠心於藝術而工作得很辛苦的人！

十三，四，十三。

劉廷蔚敬上，

橄欖園，廬山。

這些詩後結集為《山花》、《我的杯》。《山花》，一九三〇年七月由北新書局出版，風滿樓叢書第二種，收錄詩歌三十一首。沈從文非常讚賞，撰文推薦：「這集中，作者劉廷蔚，有用透明的情感，略帶憂鬱，寫出病的朦朧的美，如題作〈我不忘記〉的一詩，是我最歡喜的。」「又如〈野柴之火〉，

《山花》書影

如〈獻詩給母親〉，如〈春早〉，如〈受難節〉，如〈落花〉，如〈園路之上〉，皆有一種東方的秀氣驚人的美，以及地丁翠菊的撲鼻的香，使我欣悅，覺得為近年來一本極美的詩。」、「近年來，在詩裡或在其他文章裡，說最尖薄的話，或最粗野的話，便有深刻豪放的稱謂。最聰明和最溫柔的話，已像不很時髦了的。我想介紹這本小詩給讀者，你們讀這詩不能夠便成為英雄，因為這本詩毫不粗獷，你們讀這詩不能夠便會諷刺幽默，因為這本詩不是雜感集。世界上應當還有能靜味自然的美，體會人生的愛的年輕人，這詩是他最宜讀的一本書。」

《我的杯》，一九三二年二月由女青年會全國協會出版，風滿樓叢書第五種，收錄詩歌四首。劉廷芳為之作序：「這小本是一個青年信徒宗教經驗史中的一章。用詩寫個人宗教與信仰的經驗，整個的，赤裸裸的寫出來，在中國這是第一次。」

上海文藝出版社一九八五年出版《中國新文學大系（一九二七——一九三七）・詩集》選了劉廷蔚的兩首詩：〈野柴之火〉、〈獻詩給母親〉。

〈獻詩給母親〉還曾被選為國中語文課文，廣為傳唱，是歌頌母親的經典詩歌之一。

……

母親啊！
在妳的田園裡
我是青青的禾麥，
妳扶過犁
降過血雨，
到何年何節
才能向妳俯首，
說是妳收成的時候，
獻上累累穗串
偃覆在田塍上，
遮蓋妳勞苦的印跡？
母親啊！
愛之果粒
要分散在路上

一切飢餒孤獨的人了。

另外一首〈早禱〉，朱維之認為是「默契靜悟中吐露的靈感」，瞿光輝稱堪與梁宗岱的〈晚禱〉、冰心的〈晚禱〉「前後輝映，互相媲美」。

燕京學子

一九二四年下半年，劉廷蔚從廬山下來，進入燕京大學讀書，但只是半讀生。有次，參加校內歌詠團唱歌，致使舊病復發，再次休學，前後又耽誤了兩年，直至一九二五年下半年才成為正式生，至一九二九年，用了六年拿到了文憑。

劉廷蔚讀的是生物系，授課老

青年劉廷蔚（劉榮黔提供）

師中有著名的昆蟲學家胡經甫。一九二八年，胡經甫在康乃爾大學留學時的導師尼丹（Needham）博士到燕京講學。在兩位高人的指導與鼓勵下，劉廷蔚進行蜻蜓幼蟲飼養，並於一九二九年發表論文《北京蜻蜓目昆蟲生活史及分類研究》，這是中國關於蜻蜓研究最早的論文之一。

「昆蟲博士」是燕京大學同學們對劉廷蔚的戲稱。二〇年代初，美國電影《賴婚》在中國放映，轟動一時，其中有位角色是昆蟲博士，而劉廷蔚主修的正是昆蟲學，形象相符，所以同學們便送上這個雅號。想不到他畢業後赴美深造，成為名副其實的昆蟲博士。

在燕京大學，劉廷蔚繼續詩歌創作，並參加一些文學活動。一九二五年十一月二十二日，他和焦菊隱等燕大學生到北京二閘看閘水、公主墳野餐。回來後，大家不約而同寫了詩文，《京報副刊》為此於十二月四日替他們出了個「在二閘和公主墳專號」，其中有劉廷蔚的〈在墓前〉。一九二六年三月十八日，燕京大學女學生魏士毅參加「反對八國最後通牒的國民大會」，不幸罹難，年僅二十三歲。北京女子師範大學劉和珍亦是在該場慘案中犧牲的烈士。魯迅曾作著名的〈紀念劉和珍君〉，而劉廷蔚為哀悼魏士毅創作了一首〈哀吁〉，刊發在當年《生命》月刊上。次年，劉廷蔚又作一首〈鬱金香——給殉難的同學〉，發表在《燕大週刊》三一八週年紀念號上。

那時，沈從文到北京不久，「帶著我的那份鄉下人模樣和一份求知的欲望，和燕京大學的一些學生開始了往來」。最熟的是董景天，常見的則有司徒喬、劉廷蔚、焦菊隱、顧千里、韋叢蕪等人。一九三一年六月，沈從文撰文介紹劉廷蔚的〈山花〉，刊在七月十五日出版的《文藝月刊》第二卷第七號，同期雜誌還有封題為「廢郵存底（二）」的信寫給劉廷蔚，可見他們交往不淺。

劉廷蔚的夫人吳元俊係貴州省主席吳鼎昌長女，也畢業於燕京大學。但她入校比劉廷蔚晚，讀的是國文專修科，與周一良同學。周在〈燕大校史上被遺忘的一頁——國文專修科〉一文回憶，吳元俊的古文字學頗有根底。容庚先生上說文研究課時，寫一個字的楷體，再叫學生上去寫這個字的篆體，吳元俊差不多每次都能寫得出來。據說她很以才學自負，聲稱非博士不嫁，後來果然嫁得個博士。據燕大校友羅學濂的文章說，他們的結合在離校後，是劉廷蔚的母親首先看上了這個兒媳婦。

滬江教授

一九三二年，劉廷蔚學成回國，任滬江大學生物系教授。二〇一〇年去世的中科院院士邱式邦當時正在滬江大學讀書，他在〈耄耋憶舊〉一文中講述了劉廷蔚在滬江大學任教的一些往事。

劉廷蔚到系後即開了一門昆蟲學的課。「第一堂課先講昆蟲的定義。他說昆蟲是指體軀可分為頭、胸、腹三部分，有六足四翅的節肢動物。但通常人們對『蟲』字用得很濫，從單細胞生物一直到哺乳動物都可以叫『蟲』：阿米巴叫變形蟲，細菌叫微生蟲，還有蛔蟲，景陽岡武松打虎，將老虎稱為『大蟲』，有時某些人也被稱為『寄生蟲』或『可憐蟲』。」

劉廷蔚平易近人，講課很風趣，深入淺出，受到了同學們的歡迎。後來，劉廷蔚還開設了生物學技術、水生生物學等課程。

滬江大學校園種了很多海桐樹，綠葉紅果，非常好看。但一九三五年受介殼蟲危害，不少樹枯死了。劉廷蔚鼓勵邱式邦進行觀察研究，還把自己的實驗室借給邱式邦養蟲。正是在劉廷蔚的影響下，邱式邦對昆蟲學產生了濃厚興趣，將之作為終生事業。

治蟲專家

邱式邦畢業後進入南京中央農業實驗所病蟲害系工作。不久，劉廷蔚也被聘為該所技正。

南京中山陵的松毛蟲為害嚴重，劉廷蔚與邱式邦合作松毛蟲防治研究課題。劉廷蔚深入江浙山區各縣實地調查，獲得大量一手資料。邱式邦回憶，有次上紫金山調查，為了解山上和山下不同環境與松毛蟲發生危害的關係，兩人一個勁往山頂爬，誤入軍事禁區，被扣押起來，後來實驗所出具身分證明才獲釋放。

《浙江蜂類志》記載，一九三六年至一九三七年，劉廷蔚與邱式邦發現松毛蟲卵寄生蜂三種、幼蟲寄生蜂及寄生蠅八種、蛹寄生蜂四種。

劉廷蔚與邱式邦的研究成果指出，宜在越冬前防

劉廷蔚與吳元俊結婚照（劉榮黔提供）

治松毛蟲或在冬季晴暖日於向陽面捕殺爬出來取食的幼蟲較為簡便有效。

抗戰爆發後，中央農業實驗所內遷，工作人員分散各地。劉廷蔚去了貴州，邱式邦分到廣西，從此沒有再見面。一九四一年第二卷第一期《廣西農業》雜誌上有篇劉廷蔚、邱式邦合撰的文章〈廣西松毛蟲之越冬及其冬季防治問題〉，大概是他們最後的合作成果。

劉廷蔚於一九三八年六月任中央農業實驗所貴州工作站技正。在黔期間，他主持植物病蟲研究室工作，與林鬱等對白蠟蟲品質進行了調查研究，提出了中國優良蟲種的品質指標，所撰研究報告〈貴州白蠟種蟲品質問題〉，被認為「創吾國昆蟲學研究之新紀錄」。相關研究成果，還被陳列在貴州省立科學館，李約瑟參觀後，讚賞是「一間極好的展室」。

一九四〇年十一月，貴州省成立防瘧委員會，劉廷蔚任委員。

一九四四年十月，中國昆蟲學會成立。一九四五年一月，劉廷蔚當選為該學會候補理事。

據《貴陽市花溪區志》載，一九四五年，該地區為防止稻苞蟲，全境推廣劉廷蔚製發的「稻梳拍板」。

一九四六年五月，天津軍糧城七里海草原赤鹽灘發生大面積蝗災。此地係黃河故道，蘆荻叢生，易於蝗蟲繁殖，為蝗災多發地。有一年，軍糧城附近的一千七百畝稻田，三小時即為蝗蟲侵蝕一光。該年蝗災生成後，四路向南移動，每一路長有三里，寬約五、六里，估算有兩億八千隻。其時正逢夏季農作物收割時節，若不及時消滅，後果不堪設想。災情引起多方關注，聯合國善後救濟總署也派員前來調查。

劉廷蔚時任農林部病蟲藥械製造實驗場北平分場主任，臨危受命，帶領二十多名技術菁英趕往災區，夜以繼日散布毒餌、噴射藥劑。無奈棲息於蘆葦叢中的蝗蟲數量龐

劉廷蔚在實驗室（劉榮黔提供）

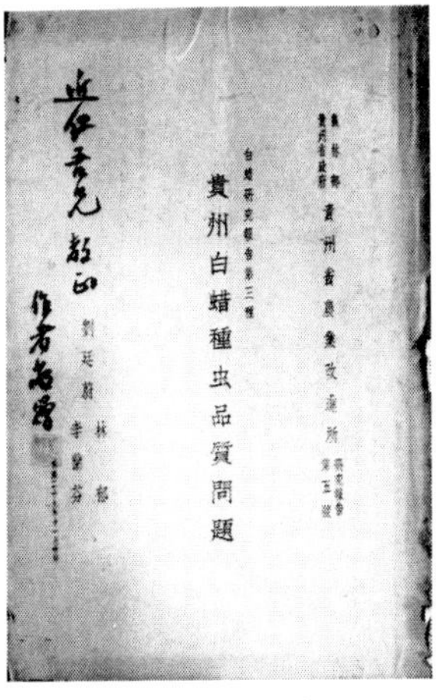

劉廷蔚簽贈本

大，不能短時間內予以消滅。這時美國海軍陸戰隊一位上校來參觀治蝗工作，劉廷蔚談了困難所在：用噴霧器噴射藥劑，難以深入蘆葦叢中。商討之際，劉廷蔚忽然想到陸戰隊所用噴火器，請求幫忙一試。上校慷慨應允，迅速調來三十五名士兵攜帶六臺噴火器，前來助陣。噴火器曾在硫磺島戰役中燒出躲藏在岩穴中的日軍，現在把槍口對準飛蝗，可謂是頭一遭。想不到效果顯著——美軍還希望得到一份科學報告。由於蝗災區域一部分為國民黨統治區，一部分屬共產黨管理的解放區，為了使劉廷蔚他們展開全面的捕殺工作，國共雙方分別由鄭介民、葉劍英簽署聯合證明，在軍糧城以北直徑十公里的範圍內施行滅蝗時，予以協助和保護。

滅蝗工作持續了一個多月，六月底才告一段落。在烈日下連續工作，很多技術人員都生了病。劉廷蔚自己也上吐下瀉數日。他在給妻子吳元俊的信中說：「我已晒得黜黑，一身髒衣服滿頭的灰，這樣子若回家，岳母大人一定把我趕出去！可是我的援助物資都是因此得來。」

特殊壽禮

一九四七年，農林部在上海成立中央水產實驗所，由林紹文主持，他旋即拉來老同學劉廷蔚，任命為副所長，共同謀劃。這是中國第一個水產科學研究機構。

一九四八年十月，中國農村復興聯合會在南京成立，劉廷蔚被聘為農業組技正。不久，任農復會廣西工作站副主任。

農復會遷到臺灣後，劉廷蔚隨之渡海，編入第一組即後來的植物生產組工作，負責病蟲防治，一方面做科學研究，一方面親自為農民服務，兢兢業業直到退休。羅學濂說，劉廷蔚從不獨居其功，始終認為病蟲防治與作物培育改進法、施肥灌溉法等成鼎足，缺一不可。

在劉廷蔚六十歲那年，他的同事將歷年工作經驗寫成若干論文，編輯成集，題為《臺灣植物保護工作．昆蟲篇（一九四〇——一九六五）》出版，作為壽禮。此書有劉廷蔚自序，談到了他對生命和事業的看法：

只有奔騰撲岸的春潮，象徵我心裡所見「生命」的光華；挾著大海蘊蓄的威力，那樣無忌憚的，沖上岩礁，碎作濤雪。海，原是生命的搖籃。

人的一生，只是短暫的個別的存在，像海潮裡起一個浪花，沒一個浪花，個人算得了什麼！可是人所接受的生命，像海裡的一朵浪花，卻屬於海的本體。生命最初披上卑微的形體，從不可窮竟的湮古投向未得知的未來。永不休止的演化，以求至善至美。

靜穆中，我又聽覺生命沉著的步伐，走向永生。

人類智力的出現與開展，是生命洪流所取的道路。無如碌碌衆生鮮有憬悟其個體與生命的進化之關連，而大多自溺於短暫速朽的個身榮枯的計謀，致社會群衆幸福遲遲未得實現。廷蔚虛度六十年序，愈來愈抱持這樣的觀點。

植物保護是生物科學，不是農藝。求成就頗非容易，因爲生命的現象很複雜，所織的網非常細密。目前以有限知識，幫助農民減少損失，同時亦可增長閱識，自是一種佳趣。十五年前，廷蔚踏上臺灣土地時，已是中國農村復興聯合會職員，一直以植物保護工作爲職業。這些年終我有不少可愛可敬的同工夥伴，雖然很少與他們談論人生觀念，但事實顯示他們不計平淡生活，自愛自重，專心科學眞理的探求，認眞職守，以減除農家疾苦爲生活愉快的目的。臺灣植物保護技術的建立與推行，都是他們精神勞力的貢獻。
……

葉落加國

劉廷蔚喜歡收集各種雜誌上自己喜愛的頁面，剪輯成圖畫，晚年尤其樂此不疲。

一九六八年六月，他還用這樣的方式向兒子劉榮黔寫了一封信：

實在的，半年來我遷入新居，我又在半退休的工作情況中，媽媽與我的生活情趣甚好，你們在外展開生活、戰鬥絕對無須考慮後方。日前在路攤上買幾本舊雜誌，除裁下我所要的幾張圖畫外，丟掉時亦取下幾幅小漫畫，利用它說明我們現在的生活與心情，倒頗有用處，以其較能達意抑亦「有詩爲證」也。

此信所配之漫圖關於讀報、聊天、看電視、擺龍門陣等內容，一畫一解說，並以幾張大人孩子在一起遊戲的畫，善意提醒兒子兒媳早點生養孩子，要以祖父祖母的身分進入他們家。最後一張是一個嬰兒光屁股朝上趴著，劉廷蔚這樣寫道：「爸爸而且嚴重警告，劉家只對女兒客氣，父母的威權是永遠保留的，你們若不乖乖的，我隨時會這樣把你翻過來……的，咳！咳！」展示了父親的可愛、慈祥的一面，一位詩人、一位昆蟲學家的不為人知的一面。

劉廷蔚退休之後，喜作舊體詩，與凌立、唐性均、鄭曼青等多有唱和，輯有《廷蔚詩存》。

由於劉廷蔚的兩子兩女均在美國、加拿大工作生活，因此七〇年代他偕夫人移居加拿大。寄居海外，心繫故園。他的詩中充滿了惆悵。

如〈題剪畫．紅梅〉：「去國當年一棹西，只今夕夕夢魂歸。翠微山下英雄淚，散落寒荒遊子衣。」

再如〈遣懷〉：「償願名山老來能，徘徊心境半儒僧。屢慚溫飽憐孤鰥，亦戒嬌矜淡愛憎。夜坐畫眠閒歲月，萬金舊楮舊親朋。故園傲菊湮荒徑，回首關山苦峻嶒。」

劉廷蔚之二女劉緣緣抗戰初期夭折，葬在上海虹口公墓祖母李璽墓邊。一九九三年，劉榮黔第一次出差到上海，劉廷蔚拿出收藏五十多年的一個小盒子，內有幾個玩具，吩咐前往掃墓時放在墓旁。劉榮黔到了上海，才知墓地早被鏟平。當年十月，劉廷蔚生病住院，四個月後在蒙特婁離世，享者壽九十一歲。二〇〇一年十二月，吳元俊在夏威夷去世，她的子女將骨灰運至加拿大，與劉廷蔚合葬在一起，這幾個玩具也被埋在墓中。

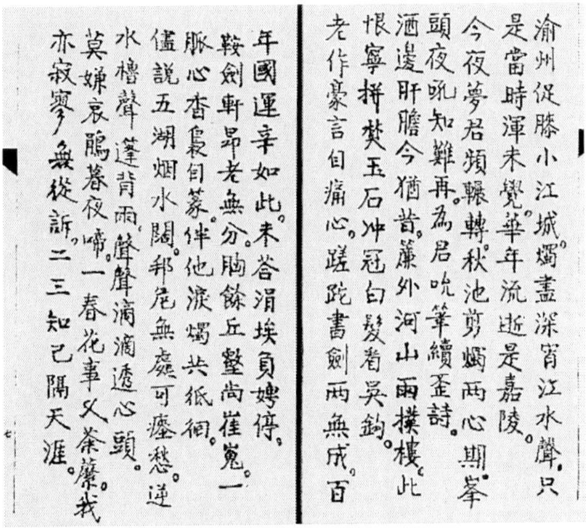
渝州促膝小江城。燭盡深宵江水聲。只是當時渾未覺。華年流逝是嘉陵。
今夜夢君頻輾轉。秋池剪燭兩心期。峯頭夜吼知難再。爲君吮筆續歪詩。
酒邊肝膽今猶昔。簾外河山兩撲樓。此恨寧拼焚玉石。沖冠白髮看吳鈎。
老作豪言自痛心。蹉跎書劍兩無成。百年國運辛如此。未荅涓埃負娉停。
鞍劍軒昂老無分。胸餘丘壑尚崔嵬。一脈心香晨自篆。伴他淚燭共低徊。
儘說五湖烟水闊。邦危無處可瘞愁。逆水櫓聲蓬背雨。聲聲滴滴透心頭。
莫嫌哀鷓暮夜啼。一春花事又荼蘼。我亦寂寥無從訴。二三知己隔天涯。

劉廷蔚晚年詩稿

劉廷蔚寫給兒子的信

劉廷藩：破碎了的詩人夢

本文寫於二〇二一年四月八日，發表於《溫州人》二〇二二年二月號。

劉廷芳、劉廷藩、劉廷蔚三兄弟，我寫過在宗教、文學、心理學等領域皆有不凡表現的老大劉廷芳，也寫過既是昆蟲學家又是詩人的老三劉廷蔚，一直想寫寫老二劉廷藩。雖然他們三人都是詩人，顯然劉廷芳與劉廷蔚的成就和知名度要高於劉廷藩，這更讓我覺得有整理劉廷藩生平的必要。

一

劉廷藩，字定寰，西元一八九九年生，浙江永嘉人。劉氏兄弟的成長路徑都一個模式，小學和中學分別就讀於溫州內地會辦的崇真小學和循道公會辦的藝文學堂，隨後到南京金陵大學深造，再出國留學。

應該是劉廷藩在金陵大學快畢業時，五四運動爆發。一九一九年六月七日，一腔熱血的劉廷藩參加了全城罷市遊行。《申報》六月十日報導該起遊行時，提到金陵大學學生在大行宮警署中區門口被巡士驅逐，劉廷藩左臂、右股受傷。當時，弟弟劉廷蔚剛讀金陵大學預科，上街宣傳抗日，也為警察所傷。可能是回溫療傷，一九一九年七月，姜琦、鄭振鐸等人在溫發起成立永嘉新學會時，劉廷藩、劉廷蔚兄弟和畢業於金陵女子學院的二姐劉文莊都加入了該會，劉廷藩、劉文莊還擔任交際一職。

劉廷藩金陵大學畢業後，又到武昌文華大學圖書科學習。文華大學圖書科仿美國紐約州立圖書館學校辦學制度，收大學畢業和肄業兩年以上的學生學習圖書館學，學制三年。劉廷藩是文華圖書科初期畢業生之一，較早接受了國外現代圖書館學的專業訓練。

在文華大學圖書科就讀期間，劉廷藩加入文學研究會，是文學研究會讀書會小說組、詩歌組成員。據石曙萍《知識分子的崗位與追求——文學研究會研究》載，劉廷藩的入會編號為三十七，列劉廷芳之後。大哥提攜有功。一九二二年《小說月報》第十三卷第六號刊發了劉廷藩的詩作〈盤門路上〉、〈回憶的惆悵〉，五月八日、七月二十八日、八月二十五日《晨報副刊》亦發表了他〈回顧〉、〈無題〉、〈園裡〉、〈一朵白蓮〉四詩。其中〈盤門路上〉抒寫了詩人理想中的愛情：「你為我在溪水的旁邊，／造茅屋三間，／使我夢見你的時候，／也聽見活水流。／我經過流水的旁邊，／看見落花點點，／我願我的念頭，／也能個個向你流。」陸志韋也有一首〈流水的旁邊〉：「(一)你為我在流水的旁邊，／造茅屋三間，／使我夢裡見你的時候，／也聽見活水流。(二)我早上到流水的旁邊，／見落花一點點。／我求他們載我的念頭／一個個向你流。(三)你回來在流水的旁邊，／看看月明風軟，／愛活水像愛命的朋友／能否為你消憂。」收錄在一九二二年出版的詩集《不值錢的花果》，註明作於一九二一年四月二十九日。陸志韋是劉廷藩的大姐夫，一九二一年十月與劉文端結為連理。這詩不知是劉廷藩拿了陸志韋的句子，還是陸志韋改寫了劉廷藩的。可以明確的是，劉廷藩沒有當詩人的夢想，目前未查到他一九二二年之後有詩作發表。一九二二年劉廷藩還在《生命》第三卷第二期發表了〈教會文字事業的問題〉。那一年他二十三歲。

文華大學畢業後，劉廷藩到了清華學校圖書館工作。鄭錦懷著《中國現代圖書館先驅戴志騫研究》一書附錄有一張「戴志騫時期清華學校圖書館職員一覽表」，記載劉廷藩受聘時間為一九二三年八月，學歷為金陵大學文學士、文華大學圖書科畢業。從這張表可以看出，與劉廷藩同事的有查修、曾憲三、徐家麟等人，他們都畢業於文華大學圖書科。還有一位同事是近年日益受到注意的畢樹棠，他於一九三七年在第二十五期《逸經》發表〈文學：紅葫蘆隨筆〉，其中一則提及汪精衛刺殺載灃而身陷囹圄，陳璧君潛入京城暗通消息，汪作〈金縷曲〉答之，畢樹棠以為情詞哀壯，「因憶吾友劉廷藩君有記某女校遊藝會調寄〈一剪梅〉一詞曰：『記得當時那一天。椅兒並肩，人兒隨肩。舞罷紅暈嬌態妍。髮兒額邊，指兒唇邊。聽罷黃鸝聽杜鵑。去年有緣，歸程有緣。勞人心緒總堪憐。是處今年，何處明年？』雖不免抄襲成句，卻不落濫調，蓋劉子亦一情種也。」這是目前見到劉廷藩唯一詞作。

戴志騫掌管清華圖書館十多年，他要求館員定時報告自己的工作進展和心得，劉廷藩在一九二六年一月五日例會上作了西文編目股分類手續的報告。一九二六年至一九三四年，皮高品編制「中國十進分類法索引」，請劉廷藩核定佛教類書目。許地山任教燕京大學時，曾編成一部《佛藏子目引得》。他在是書〈弁言〉說：「民國十八年春天，清華大學圖書股劉廷藩先生，本校圖書股田洪都先生，同時要我為圖書館編《大藏經》細目。」在一九三〇年九月一日出版的《消夏週刊》上，劉廷藩發表了〈怎樣利用圖書館〉長文。《消夏週刊》乃清華大學消夏團學術部出版，這一期是歡迎新同學專號。劉廷藩希望清華的教授和同學們能了解圖書館的分類和編目方法，「不但了解而且盡量的利用我們所管理的十五萬餘冊的中文和四萬餘冊西文書籍」。

二

在清華，劉廷藩與浦江清、顧隨、趙萬里、俞平伯、錢稻孫、朱自清等有來往。浦江清一九三一年一月八日日記有記：「晚七時在西客廳宴客，到者有顧羡季（隨）、趙斐雲（萬里）、俞平伯（衡）、葉石蓀（麐）、錢稻孫、葉公超（崇智）、畢樹棠、朱佩弦（自清）、劉廷藩，客共九人。湘喬及梁遇春二人邀而未至。席上多能詞者，談鋒由詞而崑曲，而皮黃，而新劇，而新文學。錢先生略有醉意，興甚高。客散後，錢先生與斐雲留余於西客廳談，燈熄繼之以燭。斐雲即宿西客廳。余歸室睡。是夜大風。」如此場面，可以想見劉廷藩在清華園的生活。

劉廷藩夫人也是清華園的活躍人物。趙元任夫人楊步偉在〈雜記趙家〉中回憶，為了讓教授們吃上各式各樣的菜餚，就和教授夫人們商量共請幾個好廚子，辦一個公共廚房，大家輪流管理。劉廷藩夫

劉家全家福，前排左起劉文端、劉儷恩、李璽、劉文莊，後排左起劉廷蔚、吳元俊、劉廷芳、吳卓生、劉廷藩、桂質議（劉榮黔提供）

人也參與其中，第一天和何林一夫人、馬約翰夫人等一起幫忙拿菜，「不過都是大家好玩而已」。一九二八年十一月，清華戲劇社成立，劉廷藩夫人與羅家倫夫人、趙元任夫人、孔敏中夫人等一道被聘為名譽社員。

劉廷藩夫人名叫桂質議，出生於一九〇四年前後，祖籍湖北武昌，師範幼稚科卒業。其父桂美鵬是基督教聖公會鄂西片區的第一位華人牧師，負責長江一帶的傳教工作，創辦了沙市第一所西式學校「美鵬學堂」。桂質議是桂美鵬的第六個女兒，上有大姐桂月華、二姐桂質玉、三姐桂德華、四姐桂質良、五姐桂質華以及哥哥桂質廷。桂家這幾位兒女大多留學海外，各有所成。桂質廷後來是武漢大學教授，著名的物理學家，中國地磁與電離層研究領域的奠基人之一。桂德華酷愛文學，是聖約翰大學教授，講授外國文學。桂質良畢業於美國衛斯理學院和霍普金斯大學，中國著名精神病學專家。桂質議有一堂兄桂質柏乃圖書館學家，早年畢業於文華大學圖書科，與劉廷藩差不多同時在此校學習。而桂月華是著名學者王元化的母親，王元化小時候曾寄居清華園六姨家，桂質議有張照片是抱著王元化坐在三輪車上。王元化姐姐桂碧清口述資料中提到王元化童年住在劉家的事：「有一陣子，弟弟寄住在清華園西院的六姨家。北京的天很冷，六姨家的保姆把磚在火上燒熱了，用毛巾包好，放在他的被窩裡頭。勞動人民的智慧讓弟弟留下了深刻印象。六姨家有隻小黑狗，因為六姨父不喜歡張作霖，就管那隻小狗叫『作霖』。弟弟常常帶著小狗出去玩。他愛吃霜淇淋，每天一包，六姨母、六姨父給錢讓他去小賣部買，剩下的錢弟弟總是如數還給他們。他這種誠實的品德得到長輩們的讚賞。」王元化晚年致信徐遲也曾提到六姨父劉廷藩，談及劉廷芳、劉廷蔚。二〇一六年二月二十三日，我電話採訪王元化之子王承義先生，問關於劉廷藩夫婦的事。王先生說未見過劉廷藩，但有聽祖母談起他們，並告桂質議大概於一九八〇年在上海去世。

劉廷藩

一九三二年三月，劉廷藩與趙元任一家在美國加州

一九三二年三月，趙元任、劉廷藩等與在美中國留學生合影
照片原刊《趙元任影記之學術篇：好玩兒的大師》，
商務印書館二〇二二年版）

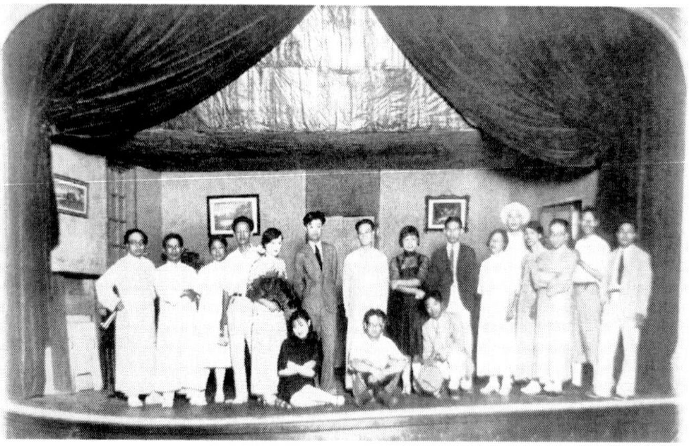

一九三一年，劉廷藩夫婦、趙元任夫婦參加《軟體動物》演出
照片原刊《趙元任影記之學術篇：好玩兒的大師》，
商務印書館二〇二二年版）

三

一九三二年二月，趙元任赴美接替梅貽琦任清華留美學生監督處主任，劉廷藩同行任該處書記。楊步偉《雜記趙家》有記：「劉廷藩隨來做書記，劉太太也想去，元任覺得只一年半，再帶多少人出來花錢不應該，所以劉太太總覺得是個遺憾。」、「監督處裡面只劉廷藩一個人，辦事不行，而他又要去讀書，所以有些學生讀完學位的一來遊玩的，我們就扣他們下來，他們邊玩邊幫忙，因此就熱鬧起來了。」劉廷藩在美就讀的學校，據韋慶媛《民國時期圖書館學留學生群體的構成及分析》稱乃華盛頓大學。

一九三三年前後劉廷藩回國，後出任國立北洋工學院圖書館主任，但很快就離開了，於一九三五年到甘肅先後擔任涼州特稅局長、臨洮特稅局長等職。這個轉變與章太炎女婿朱鏡宙有關。朱鏡宙在溫辦報，與劉廷藩相識，經常出入劉家，並與劉文端有過戀情。劉家兄妹視朱鏡宙為二哥。在朱鏡宙晚年回憶錄《夢痕記》中說，柳寰（即劉廷藩）是他與柳儀（即劉文端）的「紅娘」。正因這層關係，朱鏡宙出任甘肅財政廳廳長後，請劉廷藩協助他工作。溫州博物館存有一封劉文端寫給朱鏡宙的信，可說明此背景：「藩弟此行全憑厚愛，母親、大哥與莊妹都同銘感。藩弟自幼秉性孝友，先嚴在日最所鍾愛，母親守節撫孤，大哥、嫂秉承母志，襄助努力，俾得成立。藩弟辱承二哥厚愛已二十年，此後若能有所建樹，光前裕後，皆二哥之賜也。藩弟誠實忠厚，哥所素知，唯閱歷甚淺，又復初入宦海，前途一切，全仗哥隨時訓誨指導，俾免隕越為禱。」

一九三六年九月，劉廷藩向朱鏡宙提出辭呈得到批覆。此時朱鏡宙即將調離甘肅。接著，抗戰爆發，劉廷藩在西南活動，擔任過貴州教育廳第三科科長。一九四三年十二月，劉廷藩在中央銀行經濟研究處編印的《經濟匯報》第八卷第十一期發表了〈經濟資料類目〉一文，其導言提及此文係他「根據年餘在處管理資料之經驗」，說明當時他在中央銀行經濟研究處工作。

劉廷藩四十年代的經歷，鮮有文獻。社會動盪，疲於奔波，圖書館專業、詩歌創作，都沒有更上一層樓，宦海生涯也再無升遷。劉廷蔚的兒子劉榮黔先生告訴我，劉廷藩一九五〇年在上海去世，葬於虹口公墓，今已不存。而劉廷芳早他三年在美國病逝。劉廷藩與桂質議育有一女，名道恩，後亦生活於上海，如在世，有八十六、七歲了。

黃尚英之死

本文寫於二〇一四年三月十九日，收錄於《甌風》第十集，上海遠東出版社二〇一六年一月版，原題為〈黃尚英之命運〉。

讀葉永蓁的文章，經常看到黃尚英、黃元白、胡健耕這幾個名字，他們都是葉永蓁青少年時代的死黨，形影不離。其中對黃尚英著墨尤多，除了自傳體小說《小小十年》涉及，還專門寫過紀念文章。

據《夏鼐日記》透露，葉永蓁筆下的人物都是有跡可循的。因為夏鼐是葉永蓁在浙江省第十師範學校附屬小學、浙江省立第十中學念書時低一年級的校友，所以知道一些情況，後來讀到《小小十年》，就在日記中點出了書中人物的真實姓名，比如女主角茵茵乃鄭永英，趙沁真名為趙璧，王超迷即王兆嵋，而黃尚英、黃元白則直接用了真名。這應是比較可信的。由此推論，葉永蓁記黃尚英之事蹟也接近事實。

其實，葉永蓁只在《小小十年》後記鳴謝名單中提到了黃尚英，小說中並沒有出現過，夏鼐卻特別留意，可見對此人印象深刻。

葉永蓁寫黃尚英，我讀過兩篇。

先讀到的一篇是〈舊侶〉，收在上海生活書店一九三四年十二月版《浮生集》，寫了五位英年早逝的老朋友。第二則專記黃尚英。此文最早發表在一九三三年七月《現代》第三卷第三期，原本有個副標題「紀念兩個朋友」，只寫了黃元白、黃尚英，收到《浮生集》裡時增加「紀念朋友鐘世鏞」、「紀念朋友鄭特夫」、「紀念朋友林真曼」三節內容。

這篇文章記錄了黃尚英生命裡最後的一段時光。黃尚英從香港回到上海，約葉永蓁在靜安寺郵局對面那個地方見面，但那天黃尚英沒有來。葉永蓁收到黃尚英的信，說生病住院了。葉永蓁趕去看望，黃尚英的雙頰通紅，他告訴葉永蓁自己得了肺病，很嚴重，已是第三期。在香港發現得病，但治療需要三百元，沒有辦法弄到這麼多錢，所以耽誤了治療。現在回到上海，還是沒有錢治病，醫生讓他搬走。葉永蓁寫信給黃尚英的伯父報告消息。第三天，黃尚英的伯父就派人把黃尚英接到杭州治病了。過了幾天，葉永蓁跑到杭州去看黃尚英。胡健耕是醫生，他說黃尚英的病情像開快車。葉永蓁見到了黃尚英，兩人雖然笑在臉上，但彼此心知肚明。這是葉永蓁第一次來杭州，卻沒有一點遊覽的興趣。第二天，葉永蓁又去看了黃尚英。半個月後，葉永蓁收到胡健耕一封信，說黃尚英一九三〇年十月十九日酉時壽終於杭州某醫院。「他的『壽』，只有二十歲模樣的年紀。」葉永蓁寫道，「我看了這一串字，低聲的唸著，一回，兩回，許多回。」

後來又讀到一篇〈黃尚英〉，連載在一九三一年《新學生》雜誌第一卷第二、三、四期上，有兩萬來字，而〈舊侶〉中寫黃尚英一節不到三千字。

這篇文章的敘事風格與《小小十年》一路。開篇從武者小路實篤《母與子》說起，「對於自己生命的產生，誰都有時覺得有點奇怪罷」。「既然是在幾千萬億的不相知的人之內抽得一個人的籤，而且在極湊巧的時機中能夠偶爾的生了下來」，那麼「不論在什麼困難的時候或惡劣的環境裡面，只要生命還有生的可能，都要一步一步的爬過那種阻礙我生的險路，活活潑潑的創造我生的有意義的生活」。「我希望以後為自己的生命還沒有死之前，要好好的生著。而對於創造生的有意義的生活，也應該比以前更努力。這原因，第一固然為了自己，第二是為了死掉的友人！」文章這樣轉筆到最近去世的黃尚英身上。

葉永蓁回溯一九二五年秋天中學讀書的時候，黃元白叫他和葉今立一起去認識新來的同學黃尚英，第一印象並不滿意，「有點欠活潑似的過於忠厚，態度而且更有點像女性」。此後，兩人碰到只是禮貌性的問候，寒假裡也沒有通過信和寄過賀卡。

第二年才開學，黃尚英就找葉永蓁、黃元白閒談，精神比過去開放些，也不那麼拘束了，於是葉永蓁漸漸對他有了好感。這學期，學校發起一個國民黨四區三黨部，要求他們加入，他們統統加入了。但這個組織並不是研究什麼國民黨主義和工作的，組織者是為了攻擊另一黨部的女同學，大家都失望了。當黃元白、葉今立胡鬧的追求女性時，黃尚英只一味的看書，「在極紛擾的空氣裡面目不旁瞬的看」，葉永蓁不禁對他佩服起來，經常交換所思所想，逐漸情義相投，儼然夥伴般好了。那年，葉永蓁先黃尚英中學畢業，南下投軍。

葉永蓁在武漢北伐部隊裡過著「丘八」的生活，革命和反革命正在分野。黃元白來看望他，這時候葉今立已在廣州病逝，黃元白告訴葉永蓁，黃尚英在清黨運動中被學校開除了。他們商量讓黃尚英也到武漢來。但來了生活無著落怎麼辦？經濟問題像一塊大石頭壓著他們。「還是多給他郵寄點書吧，他喜歡看書。」這便是每回關於黃尚英談話的結果了。

大革命失敗後，葉永蓁、黃元白相繼回到上海。黃尚英的父親去世，家境更加艱難，雖然那位當官的伯父會幫忙，但伯父是清官，再說黃尚英也不會這麼衣來伸手的過日子。在當了一年的小學教師，積攢一百來元錢後，於一九二八年六月也來到了上海。

「他在踏著時代的軌跡找尋他自己的使命。」葉永蓁還強調了一句，「他在上進。」

黃尚英很關切的向葉永蓁打聽一九二七年武漢政府的情形，聽著葉永蓁訴說的一切，好像眼裡射出光芒。黃尚英也把自己被「這時代的怒潮氾濫所影響的意識和行為」告訴葉永蓁、黃元白。自葉永蓁、黃元白畢業後，四區三黨部的工作就由黃尚英繼續下去，正是革命潮流席捲而來的時候，黨員發展很快，許多教員也加入了，黃尚英就這樣被夥伴們捧到天一樣高。在北伐軍到來時，黃尚英見校役薪水少，便鼓動他們要求加薪，校長同意了。清黨風起，校長被控告為「西批」（應是C.P的諧音，意為共產黨員），黃尚英自然是「西外」（應是C.Y的諧音，意為共產主義青年團），因此遭到開除。

「不管我們的前進是否就在目前看出效果，我們一定要生下去。」這三位年輕人談論著人生，「在這時代是太需要我們了，雖然我們是不需要這時代。所以在這時代裡的人，尤其是青年，都應當把自己的生命成為強一點。這是一個鐵的時代。」

黃尚英覺得現在第一要務是上學，學點職業以便能活下去最要緊，他選擇去上了無線電學校。後來，黃元白去了北平。故事停格在黃尚英在房間裡「打，之，之；之，之打——」的學發報電碼。

此文的結尾明確標著「未完」，這顯然不是最終結局，可我幾次查閱一九三二年的《新學生》雜誌，始終未見續文。這篇文章早於〈舊侶〉一文發表，《浮生集》出版時亦未收錄，想來葉永蓁有他自己的打算。

一九三二年四月《草野週刊》第六期「文壇新訊」專欄曾刊發一則署名「其美」的消息，標題為「葉永蓁第二部巨著完稿」，稱「《小小十年》作者葉永蓁先生，最近對於文學極為努力，其第二部巨著命名《美莎》，業已完稿，計有二十七萬之多。其中新創作〈黃尚英〉（以亡友姓名為題目），亦已脫稿，將陸續刊布於《新學生》雜誌。但《美莎》

之出版處，一時尚未能定奪云」。這顯示〈黃尚英〉是完整之作，《新學生》不再連載恐另有緣故。

一九三五年前後，葉永蓁告別文壇，「再當丘八」，穿梭於戰火，出版《美莎》更加沒有條件，因此至今未見問世，說不定書稿已在流離中佚失。這也替黃尚英的故事留下了懸念。〈舊侶〉是否〈黃尚英〉的最後部分，也不得而知。

黃尚英學了無線電後到他患肺病去世之間，到底發生了什麼？

一九八六年，黃尚英的侄子黃育青在《人民郵電》報上讀到一篇關於中共於二十年代末在上海創建祕密電臺的回顧文章，涉及黃尚英，便致信該報編輯部，想進一步了

黃尚英畫像

葉永蓁戎裝照（葉品波提供）

解相關情況。《人民郵電》報編輯部把此信轉給郵電部郵電史編輯室，該室於當年五月十六日做了回覆。覆函簡要介紹了黃尚英的情況後，特別指出《人民郵電》報上的稿件乃根據張沈川的回憶文章改寫，而張的原文將收錄在《難忘的戰鬥歲月》一書。他們還告訴黃育青：「從資料看，熟悉你叔叔的人士主要是張沈川和李強，其他上海無線電訓練班的同學們如曾三、王子綱也可能知道。李強現任外貿部部長，張沈川現任湖南長沙社會科學研究所顧問，你可設法向他們繼續深入了解。」

我按圖索驥找來了那本由人民郵電出版社一九八二年二月出版的《難忘的戰鬥歲月》，查看了張沈川所撰〈難忘的回憶——關於我黨早期地下無線電通信的創建〉。

張沈川回憶，一九二八年秋，他任上海法租界地方黨支部書記時，周恩來找他談話，為革命鬥爭需求，要他學習無線電通訊技術，歸顧順章領導。當時，上海無線電學校正在招生，張沈川參加了第一期學習班，翌年五月學成。一九二九年上半年，中共上海地下組織為籌建地下電臺做人員的準備，決定培訓相關技術人員，由李強、張沈川負責，黃尚英、王子綱、伍雲甫、曾三、曾華倫、劉光慧、趙蔭祥、蒲秋潮等人先後參加了學習。當年秋天，李強和張沈川在上海極斯斐爾路福康里九號租了一棟三層樓石庫門房，建立了中共第一座祕密無線電臺。張沈川和蒲秋潮假扮夫婦，把一樓作為客廳，擺上桌椅、沙發，掛上字畫，置辦了電扇、電爐，兩人衣著講究，「儼然一個富裕的家庭」。黃尚英在冬天的時候搬到了這裡，住在一樓，張沈川住在二樓。

為了祕密電臺能長期隱蔽下來，張沈川、黃尚英他們都過著與世隔絕的生活。「我們的工作時間，都在左右鄰居入睡後的深夜一點到兩點多鐘。電臺的管理很嚴格。我們住在電臺內，基本斷絕了社會關係，一年、兩年通一次家信。」一次，小偷來偷張沈川的衣服，並從三樓他們豎立天線桿的地方逃走。張沈川明明看見了，也不敢聲張，怕驚動鄰居，更不敢報案了，以免暴露。

張沈川說，黃尚英曾在上海青年會無線電夜校學習過收發報，但沒有實際經驗。透過練習，進步很快。一九二九年十二月，黃尚英和李強南下廣東（應是香港九龍），再建一座祕密電臺，次年一月實現了中央和南方局的通報。收發雙方，上海方是張沈川，香港方是黃尚英。「我歡喜得跳起來，秋潮同志也高興得拍手，祝賀成功。當時的密電碼是我們自己編制的，雖然複雜，但比較保密。兩臺的呼號每週更換一次，呼號的叫法常常變動，使人辨認不清，以資隱蔽。上海黨中央和江西蘇區的電報都由南方局臺經轉。」

關於黃尚英的去世，張沈川說，一九三〇年五月，黃尚英肺病嚴重，經常吐血，調回上海醫治，繼去杭州療養，八月不幸去世，「是我們報務員中最早去世的一個好同志」。

黃育青後來聯絡上張沈川，一九八一年七月七日張沈川覆信給黃育青，補充了文章中沒有涉及的一些事情，比如培訓無線電技術人員，採取的是單向聯絡辦法，第一個參與學習的是黃尚英。黃尚英在上海青年會夜校電訓班學習並未畢業，一九二九年七月，組織派張沈川為黃尚英租了房子，讓他不用再到夜校上課，由張直接教他學習無線電。和黃尚英在九龍一道工作的，除了李強還有一位朝鮮的同志。黃尚英回上海後，由邱德接任。此祕密電臺一九三〇年冬遭破壞。

另外，李強作為當事人，在〈一次劃時代的通信革命〉一文中回憶了他與黃尚英一道去香港建電臺的往事。他兩次去香港，第一次單獨去，看地方選房子，最後租下九龍彌敦道一座樓的四層。「這是老式的

位於上海大西路福康里（現延安西路四百二十弄九號）的中共中央第一座祕密電臺遺址

中國式的四層樓，房子很窄，也很古怪，僅前後兩間有窗戶，中間住的兩間沒有窗戶。我選中了第四層，把整個第四層都租下來了（一共有四間）」。第二次與黃尚英同去。「我們是攜帶著電臺和密碼坐船從上海到香港去的。上船之前，我買了兩只大鐵皮箱子（TRUNK）。這種箱子在當時是很時髦的，不過從外面看很笨重，裡面能裝很多東西，立起來放，像大衣櫃，打開以後，一邊掛衣服，一邊放其他東西。當時，我把收發報機放在鐵皮箱裡，運上船，為了掩護身分，也是工作需求，我穿得很闊氣，坐在頭等艙，像個很有地位的人物。到香港後，我們從船上剛下來，英國警察（是華人）就要來檢查，其實他們也不是要認真檢查，我早已知道竅門。他們走過來了，就給他們四塊錢，每只箱子兩塊。他們拿到錢，看都不看就用粉筆在箱子上劃了一個記號，點點頭就走開了。」

他們在彌敦道那座房子的四樓安裝好電臺，按照預約好的波長、呼號和時間，進行了聯絡。李強高度評價了香港建立祕密電臺的意義：「上海黨中央與香港南方局之間的無線電通訊，開創了我黨通訊工作的新局面。經過長期的艱苦努力，衝破了種種困難險阻，在我們黨內首先成功的實現了無線電通訊，這確實是一件了不起的事情，所以我說這是我黨通訊史上的一次劃時代的革命。」

上海與香港成功通報後，李強就回到了上海；而黃尚英繼續留在了香港，擔任報務員工作。

這就是黃尚英離溫抵滬學習無線電技術之後，到香港得病返滬治病期間的大概情形了。

作為革命先烈，《樂清縣志》、《浙南革命烈士傳》等均為黃尚英立了傳。據載，黃尚英出生於一九一〇年，樂清象陽高園村人。一九二五年考入省立第十中學，一九二六年二、三月間由十中地下黨支部負責人、政訓教員石雨白介紹加入中國共產黨。又據吳廷琯〈陳適其人其事〉一文記述，一同入黨的還有陳適、朱澄、倪光、湯增揚等六人（該文記介紹人為徐雨白）。他們在松臺山麓曾宅花園舉行了入黨宣誓，以後經常在那裡活動。但查《中共溫州黨史》、《浙南革命歷史文獻彙編》、《中共溫州獨立支部與國民革命運動》、《溫中百年》等書刊，並無記載白雨石或徐雨石及黃尚英、陳適等人在溫的活動。而葉永蓁所記則是他和黃尚英等人一起參加了國民黨四區三黨部組織。中共溫州獨立支部成立於一九二四年十二月，並幫助創建國民黨永嘉縣黨部。當時「溫獨支」鄭惻塵、胡識因等人都加入了國民黨，黃尚英是不是以共產黨員身分參加國民黨四區三黨部呢？這些顯然需要挖掘更多的檔案資料來證實。

我頗感慨於黃尚英的死，他是如此熱愛和留戀這個世界。黃尚英在病重時曾對葉永蓁「如絕望似的在嘆息」：「倘如說我會得死，那我就連那所謂人生樂趣的滋味也未曾嘗過啊！」

「死生，命也。」黃尚英的命是貧窮。固然，二〇、三〇年代，中國社會的主要思潮是透過革命來推進社會發展，但具體到黃尚英學生時代走上革命道路，或許更多的是因為貧窮帶來的求生求改變的欲望。葉永蓁在〈黃尚英〉一文中，很明白的講道：「他（指黃尚英）在這時的意識停留在一種抽象的觀念上，他還不能怎麼了解有一種衝突在有時會超過民族和國家的境界。在偶爾被某種熱情所衝動他也可以在行為上表示出自己的意識，可是正確的拿一個問題去找他相當的答覆那很難使他前後的言詞能夠合於一致的。」

這種求生的欲望在到了上海後變得更加強烈。葉永蓁在《浮生集》後記中提道：「在一九二八、九年的時候，我和我的朋友黃尚英住在一起，在每一個月裡面，平均總有一、兩天挨餓的。有一次，我們連買陽春麵的錢也沒有了，我的朋友黃尚英的體力本來是弱了一點的，他僅餓兩頓飯沒有吃，立刻在那晚上，他在一張小櫃子旁邊看書，一下子就不自覺的暈了過去，竟至連眼睛也在翻白；待等我去買了一碗粥扶著吃了過後，他才精神有幾分恢復過來。飢餓的可怕，在這一次的情景裡面，為我刻下一個如何深刻的印象！」

「為了使自己的生命強一點」，黃尚英掌握了一門可以填飽肚子的技術，再加上他想「有意義的生」，成就了黃尚英生命最後時光的全部，或許可以說為了革命付出了生命的代價。

近百年來，有多少像黃尚英這樣平凡的革命者呢？

與黃尚英同樣思想「左傾」的黃元白赴北平之後，也沒有能再回到老家。冬天沒有錢買炭，整天縮在被窩裡，最後得了重病，比黃尚英早一、兩年去世。夏鼐赴清華讀書時，有人告訴他黃元白棺木仍停放在宣外教場胡同的溫州會館。

而葉永蓁呢，在經歷了中日戰爭及內戰之後，隨國民黨退守臺灣。他與黃尚英走上了不同的革命之路，在晚年撰寫的《禦寇短評集》、《綠意集》這兩本著作裡，再也沒有出現黃尚英這個名字。葉永蓁於一九七六年去世於臺灣。

最後講講黃尚英的那位伯父，乃樂清近代一位知名的儒士黃式蘇，清末舉人，曾任浙閩等地知縣，但卻是窮官，當地有「黃式蘇作官賣田」之說，其詩陳衍譽為「詩筆雅近香山，〈北征〉、〈二哀〉諸長篇，皆清真可誦」。黃式蘇視黃尚英為己出，尤為鍾愛。

黃尚英病重，遣子護其回杭醫治，多方尋醫問藥。黃尚英對伯父是非常敬重的，對他幫忙深感不安。「眼看見我的伯父天天來看我，心裡彷彿以為很不該似的。他年紀這麼大了，當第一天來看我時，捏住我的手打咽的說話，我差不多被他感動得流下淚來！」黃尚英歿後，黃式蘇遣子送靈柩歸里，葬於象陽東嶴山。據張炳勳《黃式蘇集》載，黃尚英墓前有兩聯為其堂兄黃素毅所製：「嘔心已遂澄清願；建國難忘草昧功。」、「營兆遙臨黃宅地；事親長傍石家山。」

華五是誰

本文寫於二〇一四年三月二十一日春分，發表於《現代中文學刊》二〇一五年第三期。

沈迦兄從QQ上傳來一篇文章，問作者是誰。

他那時候正千萬里追尋英國人蘇慧廉（William Edward Soothill）的蹤跡，忙著寫「蘇慧廉行傳」。

這篇文章題為〈英國漢學家〉，署名華五，發表在一九三七年六月十六日出版的《宇宙風》第四十三期上。

文章提到了蘇慧廉（文中稱為蘇熙洵、蘇熙老）在牛津大學漢學教授任中的幾段逸事：寫信給《泰晤士報》主編解釋山西為何成為模範省，因為他曾任山西大學西齋總教習；做壽時，在家裡大廳內掛一幅紅的壽幛，上面綴著一個金的壽字；對孫中山沒有好感，在演講時稱之為煽動者，引起學生反感；有新的中國學生到牛津留學，總請到家裡喝茶等等。

蘇慧廉最後兩年是在病床上度過，作者專門跑到醫院和他家裡看望；蘇慧廉去世後，到教堂送別。對於蘇慧廉，作者如此評價：「蘇熙老對於中國是無限的愛好。幾十年來的過渡情景，在他心目中，成了一幅複雜的圖畫，這圖畫有時使得他眼光模糊，頭腦昏亂，好像看見了一個萬花筒。」、「平心而論，蘇熙老有他的長處，也有他的短處，但他的立身處世，實比許多從中國歸來的歐洲人來得高明。就學問方面說，蘇熙老對於中國的文字與經史，確曾費一番苦功夫去研究，他的思想我們盡可不贊成，但他的治學精神終是值得佩服。」

這位華五很可能是蘇慧廉生前往來的最後一位中國人，但他又是誰呢？

我翻了翻《中國近現代人物名號大辭典》，是有一位筆名華五的作家，他的真名是蔡振揚，一九一七年出生於泰國，一九二八年回中國，一九三二年後在《僑聲報》、《星粵日報》、《福建民報》等工作。中華人民共和國成立後，他在上海市教育局研究室任職，後轉任學校、工廠外語教師。一九八〇年進上海社會科學情報所從事英、日、俄文譯校工作，一九八七年退休。沈迦兄發來文章詢問的時候，蔡振揚還健在，他於二〇一一年去世。

但從蔡振揚經歷看，顯然與〈英國漢學家〉對不上號。一九三四年蘇慧廉離世前後，那個華五在英國，而這個華五在中國。

我又在論壇上發了文，請教了幾位相關專家，還是沒有什麼頭緒，只有自己「E考據」（用電子資源進行考據）了。

前幾年所謂的 E 考據還沒有現在這麼發達，搜尋華五的蛛絲馬跡很費工夫。不像今天，在全國報刊檢索網按題名條件鍵入「華五」，就會跳出〈憶華五〉這篇文章，不費吹灰之力。而且《新文學史料》二〇一〇年第一期秦賢次〈儲安平及其同時代的光華文人〉、《華東師範大學學報》二〇一二年第六期李孝遷〈「他人入室」：民國史壇對域外漢學的回應〉等文均已指出華五是誰及〈英國漢學家〉的作者真名，網路上搜尋一下也可找到。

不過，總算是讓我發現了。這種得來的愉悅是人家拿食物餵到你嘴裡而獲取的快感無法比擬的。

對，就是這篇發表在一九四七年《論語》第一二八期上〈憶華五〉，讓我知道了華五是誰。

此文作者劉盛安，論關係算華五的晚輩，但兩人的友誼很深。劉盛安知道華五是從讀〈口供〉、〈四年〉這兩篇文章開始的，還讀過其他一些散文，尤其有篇記載倫敦公園內英國各黨派宣傳員的文章是「好到無可再好的了」。但這麼讓人佩服得五體投地的作家卻不是學文學的，而是學政治經濟的。劉盛安說，華五的為人像他的文章那樣流暢，「一點苦也不肯吃，喜歡舒服」。華五很紳士，以至於他家的老媽子感到他是怪人，「我替他拿皮鞋他說謝謝，給他打臉水他也說謝謝」。華五喜歡上館子，「但絕不在外喝咖啡」。華五很懂趣味，他的夫人也一樣有幽默感。在劉盛安眼裡，華五的家是最理想的小家庭。有天，華五的夫人與小孩對話。「寶寶，你在公園裡看見幾隻熊？」「一隻熊。」「一隻什麼熊？」「一隻郭子雄。」

劉盛安在文章快結束的時候，透過這個故事告訴我們華五真名叫郭子雄。「雄」「熊」同音，華五的孩子才會說自己看到了一隻「郭子雄」。

問題雖然解決了，但劉盛安的文章只寫了與郭子雄往來的片段，「關於他過往的生活，我不熟悉，我想一定有別的朋友寫出來」。可事實上，關於郭子雄的文章卻沒有其他朋友寫出來。這不禁使我有了追尋郭子雄事蹟的興趣。

我查到一九六八年二月出版的臺灣《四川文獻》第六十六期，曾刊發一篇一波（即毛一波）撰《記郭子雄——三〇年代川籍作家之二十一》，這可能是唯一專門研究郭子雄的文章，頗費周折複製來一看，也不過只有四百多字——

郭子雄，資中縣人，是郭子傑的弟弟。他生於清朝光緒三十二年（一九〇六年）二月二日，歿於民國三十三年（一九四四年）某月，享年才三十八歲。他先在上海光華大學念書，畢業後，去英國倫敦求學，得牛津大學文學士。

民國十六年下期，我在上海眞如的國立暨南大學，和同事章克標與邵洵美等辦了一個《金屋月刊》，上面卽刊有郭子雄的新詩，而我知道有此一人，便在其時。因爲當時同寢室的鄭胥恭（號只淳，是那時暨南大學的師範科主任）告訴過我，說子雄是我們四川同鄉也。

子雄在南京歷任中央政治學校教授，國際關係研究會研究員，對日抗戰期中，他供職於外交部成都專員公署，時爲民國三十三年。

子雄的文藝作品，計有〈春夏秋冬〉及〈口供〉等。

子雄歿後，葬於他的故鄉資中，墓在城的北岸。那時我正由成都到資中工作，在車上，有人遙指他的墳墓給我看，陡憶前情，便有了〈過子雄墓〉一詩，詩曰：

一抔土未乾，道是子雄墓。
往事繫我心，作家集金屋。
如何一詩人，今上九泉路。
悠悠共千載，文章建安骨。

回想起來，這也是二十幾年前的事了。

劉盛安的文章太過感性，而毛一波的文章只提供了郭子雄基本資訊，略去親歷部分，雖可作為作家詞典條目之類，但卻不過癮，重要的是兩文都沒有把郭子雄短暫一生的精彩部分寫出來，比如與徐志摩的往來、海外求學經歷等等，所以我覺得有必要做些補充。

郭子雄自幼父母雙亡，靠大哥大嫂養大。郭子雄有四個哥哥、一個姐姐，大哥、二哥、三哥、姐姐都很短命，三十多歲甚至不到三十歲就去世了，郭子雄也只活了不到四十年，按現在的說法，可以歸結為家族基因問題。唯有四哥郭有守（子傑），命最長，享壽七十七。

這個四哥，了不得。北大畢業，留學法國，和徐悲鴻、張道藩、邵洵美等人成立「天狗會」。回國後，歷任教育部科長、專員，四川教育廳廳長等職，三〇年代籌建並主持中國教育電影協會，對中國電影事業頗有貢獻。抗戰勝利後赴聯合國工作，一九六六年回到大陸。郭有守之妻為楊度之女楊雲慧，早於一九五一年便已攜子回國。此中關節，大有文章。故許禮平文章說郭有守「陽是國府官員，陰為中共地工」。總之，郭有守是奇人，說來話長，此處按下不表。只想說明一點，郭有守與文化界的深厚淵源，對郭子雄的成長，應有一定的影響和幫助。

言歸正傳，話說一九二四年夏郭子雄在廬山避暑，同居朋友來報徐志摩與張歆海一道上山來了，又說他們下午在山上與人打架，現住在胡金芳旅館裡。郭子雄早聞徐志摩大名，不久前從報上看到他送泰戈爾回去的消息，萬分驚奇他怎麼會來到廬山，又怎麼與人打起架來，「一陣風在心海裡吃起了狂瀾」。當晚，郭子雄就來到胡金芳旅館求見。原來，徐志摩和張歆海是為一家賣冰鋪對他們與對外國顧客嘴臉不一樣而與店家起了爭執，幸未受傷。接著談起私人關係，才知道徐志摩在歐洲時與哥哥郭有守是極熟悉的朋友，「彼此的感情更有了連鎖」。

徐志摩在山上住了一個多月，郭子雄陪他四處遊覽，「還受了他給予我的文學的啟

郭子雄（宗亮提供）

在牛津大學任教時的蘇慧廉（沈迦提供）

發，他告訴我泰戈爾的思想以及其他」。離山的前幾天，徐志摩和張歆海送給郭子雄一冊《牛津英文詩選》，封面內寫了長長的一段話：「約會不如邂逅，有心不如無意，我們在廬山相共的日子，我想彼此都不容易忘懷的；十年，二十年，也許到我們出白鬍子的日子，也消滅不了此地幾個高峰的記憶……」這篇題詞現在已被收錄在《徐志摩全集》裡了。

一九二七年春，郭子雄再遇徐志摩。郭子雄時為上海光華大學文科二年級學生。徐志摩來到光華教書，郭子雄選讀了他教的英國詩和英國散文兩門課。徐志摩在光華每週有三個早晨有課，但光華在郊外，交通不便，所以有段時期徐志摩總在前一個晚上來到學校，郭子雄常在夜間到他的房間陪他，有時還一起吃晚飯，談天說地。當然，郭子雄常帶詩稿去向徐志摩請教，「有的地方他說好，有的地方他的批評很嚴厲」。多年後，郭子雄回憶此情此景，依舊感激不已：「我聽志摩對我講話，有若吃青果，最初覺得苦，過一陣便吃出它的甜。如其我將來在文學上能有些微的造就，我忘不了志摩的良言，他指示了我一條正路，我得循著這條路走去。」

那年秋天開學後，一個在學生會負責的同學提議請定居上海不久的魯迅來校演講，郭子雄熱心附議，和兩位同學一起去請魯迅。十一月十七日下午，魯迅應邀來光華演講，主題是文學與社會，鄙視為藝術的藝術，主張「文學還是與社會接近些好，將人生各方面擴充，將各種人的境遇寫出，供各種人相互感覺，然後乃有頂光大頂正確的人生，乃有新的文學出來」。演講的內容和此後去大夏大學所講相近，郭子雄和洪紹統做了紀錄，合成一篇，刊發在十一月二十八日出版的《光華週刊》第二卷第七期上。但魯迅的演講頗有諷刺新月派的意思。次日，徐志摩對郭子雄說，「你也真是有點開玩笑，去把魯迅請到學校裡來演講，也不想到會引起什麼樣的結果。」

徐志摩在光華教了一年半的書，於一九二八年夏匆匆結束課程，赴歐美等地遊學，連郭子雄請他過目詩集《春夏秋冬》也來不及。

郭子雄的《春夏秋冬》由金屋書店出版於一九二八年九月，收錄新詩〈太早〉、〈老僧〉等二十六首。詩集出版後，有人在當年《吼獅》第十二期上發表詩評：「假使有人來問我，新詩已長進到什麼地步，那我一定要請他去讀郭子雄這本的詩集。……」評價可謂不低。徐志摩回國後讀到亦表示很喜歡，稱讚郭子雄的思想「多少有點根基」。

一九二九年一月，徐志摩寫信約郭子雄見面，讓郭子雄寫一本書，再三叮囑別粗製濫造。當時，中華書局為發展業務請徐志摩編輯一套文學叢書。郭子雄答應寫一本散文，這就是一九三〇年四月中華書局出版的《口供》，新文藝叢書之一，收錄〈口供〉、

〈四年〉、〈我的大哥〉等十一篇，三萬多字，一次性稿酬得一百大洋。郭子雄說，如果沒有徐志摩的勉勵，是絕寫不出來的。

一九二九年夏，郭子雄光華大學畢業後，決定到英國學國際關係。臨行前，徐志摩替他寫了三封介紹信，分別給拉斯基(Laski)、狄更生、雷蒙賽三位學者，還在四馬路的一家餐館設宴為郭子雄等幾位出國的光華同學餞行。但郭子雄到了英國後，並未如願進入劍橋大學，只好在倫敦大學政治經濟學院學習，為此郭子雄還向徐志摩寫信訴苦，徐

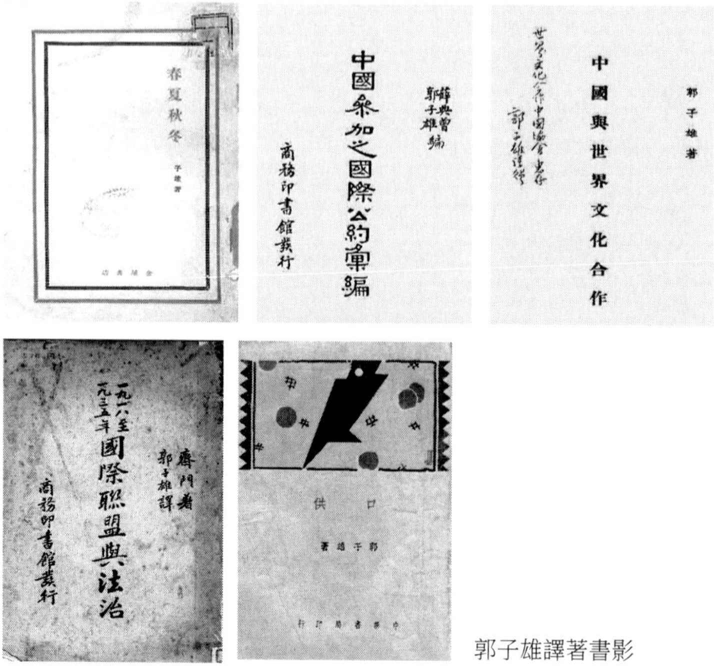

郭子雄譯著書影

志摩回信安慰了他一番。

或許是郭子雄的留學，使徐志摩想起來了自己那段經歷。一九三〇年六月，徐志摩在《金屋月刊》第一卷九十期合刊上發表了一首〈致小郭〉，後來此詩收入《猛虎集》時，改題為〈給——〉：

我記不得維也納，
除了你，阿麗思；
我想不起佛蘭克府，
除了你，桃樂斯；
尼司，佛洛倫司，巴黎，
也都沒有意味，
要不是你們的豔麗，——
玫思，麥蒂特，臘妹，
翩翩的，盈盈的，

孜孜的，婷婷的，
照亮著我記憶的幽黑，
像冬夜的明星，
像暑夜的遊螢，——
怎叫我不傾頹！
怎叫我不迷醉！

在倫敦住了一段時間，郭子雄又到了法國、德國、波蘭、捷克斯洛伐克、瑞士、比利時等國。一九三一年秋季開學時，回到倫敦，進了牛津。劉盛安文章所提，郭子雄去過英國兩次，第一次時間長，第二次時間短，應該就是指這一出一入兩次，並非回了中國再去。

郭子雄回英國前，還在荷蘭參加了國際筆會第九屆年會，這是他第二次參加國際筆會年會了。上一年他曾受中國筆會派遣參加過在波蘭華沙舉辦的國際筆會第八屆年會，與各國作家進行交流，報告中國文壇現狀。郭子雄寫了年會報告寄給徐志摩，託他在《新月》上刊登。徐志摩於十一月一日回了信，「你的『筆會報告』已寄《新月》，不知四卷一號趕得及否」。誰曾想此乃他與郭子雄最後的通信。當郭子雄接到信時，徐志摩已在十一月十九日慘死於飛機失事。得知噩耗，郭子雄連做了幾夜惡夢，「志摩的死，使我失掉了一個良友，一個最能了解我的人，我怎能不敢心傷」。他把這個悲慘的消息寫信告訴狄更生及國際筆會的書記沃爾德等人，沃爾德把郭子雄的信刊登在筆會的刊物上。

自廬山分別後，郭子雄與徐志摩保持了長期的通信，《徐志摩全集》收錄了其中八封，最早的寫於一九二九年冬，最後就是一九三一年十一月一日那封，前七封郭子雄撰寫〈憶志摩〉時均引用過。

郭子雄的這篇回憶文章是徐志摩去世四年後才寫的，刊登於一九三六年《文藝月刊》第八卷第三期，上述郭子雄與徐志摩的往來基本依據此文。文章的最後，郭子雄說，徐志摩單憑這幾卷詩歌和散文在中國文學史上已經可以不朽，「不朽並不是分外的希求」。就徐志摩的個人的生命說，「他的一生是一首美麗的歌，從最初一行到最末一行，都是星星樣的閃著亮，沒有絲毫微塵。他來到世界，像一朵百合花開；他去時是花謝落在泥土裡，雖則凋謝得太早，但這不是他的過失」。天才薄命，徐志摩的死與雪萊

（Shelley）、拜倫（Byron）、濟慈（Keats）的死一樣：「是他們不願多留在世界？或是世界無力量久留住他們？」郭子雄追問並尋找著答案，可惜他的生命最後也落在了這個問題上面。

郭子雄近四十年的生命無疑也是一首美麗的歌，尤其海外遊學那幾行堪稱華章。這只要讀讀郭子雄寫的〈在波蘭（筆會第八次年會紀事）〉、〈在荷蘭（筆會第九次年會紀事）〉、〈牛津大學的學生生活〉、〈我與牛津〉、〈倫敦素描〉、〈雜談英國〉等二十來篇散文，便可知道海外生活給他的烙印有多深，便可理解他的女傭為什麼覺得他是個怪人了。這些散文文情並茂，完全不是《口供》裡那些文章般學生腔了，頗有英倫隨筆的風範。可惜散落在《新月》、《宇宙風》、《獨立評論》、《逸經》等期刊上，並未結集，識者甚少，不免為這位才子嘆息。

郭子雄在專業方面亦有可圈點之處。曾譯有《一九一八年至一九三五年國際聯盟與法治》，商務印書館一九三七年五月出版。此書作者齊門（S. A. Zimmern）是郭子雄在牛津學習時的老師，齊門特地為中文版寫了序言。又與薛典曾合編有《中國參加之國際公約彙編》，商務印書館一九三七年六月出版。並且，寫有一本《中國與世界文化合作》（出版資料不詳）。這些都應是郭子雄在中央政治學校任教時做的。

抗戰期間，郭子雄回到四川，除供職於外交部成都專員公署外，還為中國農民銀行服務過，撰有〈西昌行日日記〉、〈西康省合作事業與農業金融〉、〈一年來西康省之農貸事業〉等相關文章，發表在《中農月刊》。

最後說點八卦的事情，郭子雄在四川時遇到了一段婚外情，與太太的生活出現了裂痕。劉盛安在〈憶華五〉中提到，這位新人外貌並不如郭太太，寫的信文句不通，還夾著錯字。郭子雄笑著說這已是她的「傑作」，至於為什麼愛她，他自己也不知道。郭子雄為了這個女人經常從成都跑到重慶，朋友都笑他是公路局的，在測量成渝路呢。他的太太到後來竟然讓了步。「她是石頭，我是石匠；她是河床，我是水。總是我比她利害。」

華五的故事說得差不多了。據傳他是被高熱燒死的。這麼一個愛生活的人，「臨終前，那難以分捨的痛苦恐怕是世界上找不出的」。

回到開頭，我在沈迦兄定稿前把考證的結果告訴了他。「蘇慧廉行傳」最終定名為《尋找·蘇慧廉》由新星出版社於二〇一三年三月問世，好評如潮，在中國全國各類好書年度評選中，九次上榜。而我這篇小文拖至今日才脫稿，是實在人懶筆拙的緣故，不由覺得慚愧。

附記：

近檢《申報》，得郭子雄消息一則可補其生平，尤其兩次赴英時間明確了。該消息刊於一九三五年七月七日，題爲「郭子雄得牛津榮譽」：曾從事學生運動，並以青年詩人及作家著名當時之郭子雄氏，自十八年畢夏畢業上海光華大學，秋間赴英，入倫敦大學經濟政治學院及牛津大學專研國際關係，中間曾代表中國筆會（P. E. Club）赴波蘭、荷蘭參加國際會議，復經教育部派赴日內瓦參加國際聯合會舉辦之講習會。二十一年應南京中央政治學校之聘，於秋間返國任該校國際政治講席。二十二年秋得牛津大學准許，再度赴英國入學院（New College）作研究生，從世界著名國際政治學者齊門教授（Prol. A. Zimmern）繼續研究國際關係，迄今兩年，所著論文爲《民族自決論》，於五月間送入大學考選委員會，經派定主考人員於上月間舉行口試，業經核定授予文學碩士學位。查新學院爲牛津大學第一等學院，國人之在該院正式研究，並得高級學位之榮譽者，實始自郭氏。聞北京大學亦邀請郭氏在法學院任教，即將於八月間返國云。

二〇二一年二月二十日

「吉金樂石」謝磊明

本文改定於二〇一四年七月六日，發表於《甌雅》二〇一四年八月創刊號。

提起溫州人在近現代中國篆刻史上的作為和影響力，大家總會先想到方介堪、方去疾等人，對謝磊明則少有顧及。西泠印社副社長陳振濂認為，謝磊明、葉墨卿以及方氏兄弟的地位和作用都有待更深的認識與挖掘。

二〇一四年是謝磊明一百三十週年誕辰，更應該紀念這位溫州印壇承前啟後的人物。

晚年謝磊明

謝磊明名光，字烈珊，又字磊明，以字行，號玄三、磊盧，齋號顧譜樓、春草廬等。生於光緒十年（西元一八八四年），卒於一九六三年，享年七十九歲。西泠印社早期社員，曾任永嘉縣徵集文獻物品委員會委員、溫州市文物管理委員會委員、浙江省文史研究館館員等職。

謝磊明年輕時曾以販鹽為業，自號「賣鹽客」，在溫州城區東門一帶開設鹽行，頗有家產。但他酷愛書畫金石，漸漸走上收藏和篆刻創作之路。一九四〇年代，溫州市圖書館館員潘國存隨館長梅冷生第一次到春草廬拜訪謝磊明，梅館長特地從謝磊明的篆刻作品中檢出〈甌江鹽隱〉、〈結金石緣〉兩方閒章給他看，有意無意交代了謝磊明的人生轉變。正如潘國存所言，這兩方閒章刻下了謝磊明的一生。

「鬼臉兒杜興」

自《東林點將錄》、《乾嘉詩壇點將錄》、《光宣詩壇點將錄》等相繼問世以來，「點將錄」這種品評方式被應用於各個藝術門類，四川學人王家葵依此對近現代篆刻家進行了盤點，於二〇〇八年三月出版了《近代印壇點將錄》，活躍於二十世紀的一百零九名篆刻家披掛上了《水滸傳》裡的名號，五位溫籍印人榜上有名（方去疾因去世於二十一世紀初，未能列入）。方介堪是天微星九紋龍史進，周昌谷是地威星百勝將韓滔，鄒夢禪是地魔星雲裡金剛宋萬，馬公愚是地軸星轟天雷凌振，而謝磊明則被授予地全星鬼臉兒杜興。

王家葵這樣評述印壇「鬼臉兒」：

烈珊篆刻平正工穩，不喜生辣縱橫。孫洵云：「謝氏以沖刀刻印，線條堅挺俊逸，布局勻稱工穩，力求於平淡中追逐淳古高雅之趣，絕不獰厲離奇。」今論烈珊篆刻，雖云模擬吳讓之、趙撝叔、徐袖海，而氣息不與三家相投，工整有之，終嫌平庸；其仿秦漢之作，受明人刻印影響至深，亦乏善可陳；唯其邊款縮摹碑帖，堪稱獨步。

印之有款猶畫之有題，文、何輩以雙刀法作款，如刻碑然，至浙派諸子始創單刀刻款之法，趙撝叔更作北魏書陽文款，間摹漢魏六朝造像，高古絕倫。近世印家款書各有特色，俊逸瀟灑有王福廠、唐醉石，奇峭古拙推陳師曾、齊白石，至於吳昌碩篆書陰刻，來楚生漢簡陽鏨，皆冠絕一時。謝烈珊立身諸家之外，以單刀法縮摹定武蘭亭、北魏張玄墓誌於印側，累累數百字，點畫無差訛，神情尤逼肖，實邊款別格。

贊曰：

日日摩挲吳趙徐，千金顧譜祕石渠。
烈珊印側眞獨步，鐵畫銀鉤北魏書。

《西泠百年印要》載有戴家妙〈謝磊明評傳〉：「謝磊明學養廣博，精篆書，善治印，一生臨池，刀耕不輟。治印上溯秦漢，下逮明清，後則深受鄧石如、蔣仁、吳讓之、徐三庚、趙之琛等清代篆刻名家之影響，作品以工穩見長。所作白文印，用刀爽利，光潔平直，淡雅靜謐，有君子之風。所作朱文印，兼有鄧、吳、徐三家風采，婉轉流利，婀娜多姿。偶亦用大篆入印刻朱文，頗見己意。」

劉紹寬《春草廬印存．跋》中有這麼一句：「先是永嘉言篆刻者期於葉墨卿，自君出而人言始有異同。方君介堪始以承君指授，今遂以所詣名滬上。顧君猶落寞家居，不改其素，此又見其深潛蘊蓄不可及也。」葉墨卿是謝磊明同時代溫州又一位重要篆刻家。

方介堪評價謝磊明的篆刻則曰：「謝公性傲，一切學問均以我之性之所至為去從，絕不肯俯首於某一家。」

謝磊明把〈蘭亭序〉、〈張黑女墓誌〉等整篇縮小摹刻，作為印章邊款，堪稱一絕，令人嘆服。將所刻〈張黑女墓誌〉局部放大與原碑對照，「可得原刻神形之八九」。故當時向謝磊明求印者，多索長款。

韓天衡在〈袖珍碑刻精微畫圖——印章邊款藝術欣賞〉中指出，「邊款藝術衍變到近世，亦有可喜的長進」，有大成者當推謝磊明，「他的刻款手段遠出於篆刻水準之上，他往往置名碑佳帖於案几，一面玩味碑意，一面則以刀為筆，將通篇的古碑文字，縮臨於印石的四側，能達到唯妙唯肖、神完意足的境界，令人撫掌叫絕」。

當然也有人對此頗有微詞。唐吟方《半個印人》以羅福頤「我不會邊款」說開去：「比如說隋唐以前的秦漢，印章不曾有邊款一說，如果以『印宗秦漢』為準則，羅福頤自嘲式的『半個印人』聽起來倒成了正宗的古法，反是那些在邊款上雕龍鐫鳳的印人顯得等而下之了。……近現代像羅先生那樣心存高曠古風的印人，並不多見。大多數印人心懷明清印人，抱著『印面小世界，雕琢大天地』的想法，不肯放過在小小邊款作文章的機會。趙之謙開風氣之先，後繼者一個個勇往直前，朱墨世界也端賴一代代刻款能手的前仆後繼，異彩紛呈。二十世紀初還有一位謝磊明先生把邊款作為專工，練就一手絕藝，驚天地，泣鬼神。代表作是把王羲之〈蘭亭序〉全篇一字不漏刻於印邊。作為印人的單向發展，以至紅杏出牆，自有他的妖嬈之處。然而另一方面，他游離印章主線的創作又回到縮微碑刻的路子上，這還算不算是印人行為呢？怕要另立一個單項來評價他了。」

在王家葵排位中，之所以謝磊明座位靠後，也是因為「邊款畢竟是印面的附屬物，若癖於印款而疏於印面，則有點本末倒置」。另外，他並不認同方介堪之評，「謝磊明篆刻面目頗多，但都很平庸，這枚〈夢裡不知身是客〉摹吳讓之，既呆板，更缺乏吳讓之渾厚之氣；〈永嘉謝光之印〉學徐三庚，但字與字間不能交融，全非徐派正格；〈南去北來人自老〉擬趙次閒，短刀碎切尚不失穩重」。

無論對謝磊明的印章邊款或褒或貶，已然不能否定這是他篆刻創作的最大特色了。

儘管《中國美術百科全書》、《中國現代美術全集》、《中國美術家人名辭典》、《民國書法篆刻人物辭典》等均收有謝磊明條目，但關於他的生平、逸事趣聞及其藝術成就研究論文卻寥寥無幾，目力所及僅上述王家葵、戴家妙及潘國存〈金石篆刻家謝磊明〉、吳景文〈浙溫謝磊明珍藏祕笈記〉、范瓊伏〈謝磊明晚年《十二花神印玩》邊款藝術芻議〉等，故交、家屬、弟子幾無專題文章留世，這對後人認識與研究謝磊明無疑有一定的影響。

作品知多少

研究者多認為謝磊明一生治印數量不多。結集出版的作品集最常見者為《謝磊明印存初集》、《謝磊明印存二集》，溫州市圖書館等有藏。

這兩本印譜均於一九三五年九月由上海宣和印社出版發行。「初集」封面由王福廠題簽，扉頁趙叔孺題，線裝十六葉，收印作七十六方。「二集」封面由樓辛壺題，扉頁丁輔之題，線裝十六葉，收印作八十四方。

另有《磊明印玩》，原鈐本，未影印出版，輯作品三十來方，溫州市圖書館等有藏。

據相關資料載，謝磊明還輯有《磊廬印存》、《月令印譜》、《磊明治印集》等作品集，謝宏文〈先父生平瑣記〉一文則稱有《百將百美印集》、《一百零八好漢人名集》、《毛主席詩詞集》、《郭沫若詩詞選刻》等作品。大概都未影印出版，見者甚稀，故沒有詳細的資訊。近年來拍賣會出現了數種謝磊明印集，錄如下聊為補充。

《磊廬印存》，上海朵雲軒二〇一〇年秋季藝術品拍賣會「金石緣書畫篆刻碑版專場」上出現過兩種，介紹文字云「約輯於上世紀四〇年代」，乃謝磊明之子謝博文舊藏。一是裱本經折裝兩冊，原鈐本，收印百餘方，附邊款；另一是棉連紙單片六十九張，亦原鈐本，收印百餘方，附邊款。圖錄未介紹該兩種原鈐本所收印章是否重複。《現代篆刻選輯》第五輯出版說明及戴家妙〈謝磊明評傳〉云《磊廬印存》有五集。

《水滸印草》，上海朵雲軒二〇一三年春季藝術品拍賣會「名家篆刻印譜專場」拍品。線裝三冊，原鈐本，收印百餘方，謝磊明題簽。又朵雲軒二〇一一年秋季藝術品拍賣會「金石緣——名家篆刻印譜專場」曾出現謝磊明水滸人物篆刻集拓宣紙裱本一張，有落款「一九五三年十月，七十老人謝磊明刻」。兩者內容應同，即謝宏文所指《一百零八好漢人名集》。

《選〈團結報〉詩詞》，見於北京百衲二〇一三年秋季拍賣會「金石萃編——金石碑帖、古籍印譜、美術文獻專場」，又曾在孔夫子舊書網二〇一四年二月二十四日拍賣過。紙本線裝一冊，原鈐本，十七葉三十四面，其中鈐印十五面，大多帶有邊款。

《雁蕩山印集》，現於二〇一二年北京卓德國際拍賣公司週年慶拍賣會，原鈐本，前有梅冷生一九六三年六月一日所撰序言記謝磊明創作此批印章前後，云「去歲春榮膺浙江文史館館員之聘，意興張甚。自言我將有以貢獻於國者，時方刻毛主席詩詞印章。余告以昔外峰先生有三雁遊記，今北雁蕩聞名遍世界，曷不敢山中百三峰名一一刻之，並及前人題詠都為一集，使至者未至者俱目營而神馳為是，亦靈山之記莂也。……翁欣然從事」。此印譜乃謝磊明去世後，其子學文拓集遺作而成。梅序亦透露謝刻有毛澤東詩詞印章，與謝宏文所指《毛主席詩詞集》應同。

另有《十二花神印玩》一組，私人收藏。據范瓊伏文介紹共二十四方，刻於一九五八年。內容為十二月花及其每一月花代表的歷史人物，每月兩方印章，又選每神代表詩作兩首詩刻為邊款，計四十八款。

此外，一九八〇年始，上海書畫出版社陸續出版《現代篆刻選輯》，第五輯為丁尚庚、陳衡恪、謝磊明合集，於一九八四年五月上市，其中收錄謝磊明印作三十來方。

一九八九年四月，謝磊明之子謝以文在臺灣印行《東甌謝磊明先生印譜》，以紀念謝磊明一百零五年誕辰，收錄印作四十餘方。

印中見聞錄

樂清詩人洪邦泰有一詩寫謝磊明：「圖書金石萃珍奇，晨夕摩挲意自怡。世正好新君好古，此心難語俗人知。」

雖然關於謝磊明的資料有限，但從其作品可以發現他的志趣和性情，認識他的交友圈。

比如從〈樂山樂水〉、〈無論魏晉〉、〈吉金樂石〉、〈五蘊皆空〉、〈安心〉、〈天道忌盈人貴知足〉等閒章，可以想像他知足常樂、閒庭信步的神態。其中〈安心〉一印邊款云：「清張文端公有言：予自四十六七以來，講求安心之法。凡喜怒哀樂、勞苦恐懼之事，只以五官四肢應之，中間有方寸之地，常時空空洞洞、朗朗惺惺，絕不令入。所以此地常覺寬綽潔淨。予制為一城，將城門緊閉，時加防守，唯恐此數者闌入。亦有時賊勢甚銳，城門稍疏，彼間或闌入，即時覺察，便驅之出城外，而牢閉城門，令此地仍寬綽潔淨。十年來，漸覺闌入之時少，不甚用力驅逐。然城外不免紛擾，主人居其中，尚無渾忘天真之樂。倘得歸田遂初，見山時多，見人時少，空潭碧落，或庶幾矣。以上見《聰訓齋語》。竊謂自古儒先論安心之法無有如此警闢者，真養心之妙訣也。特錄之以醒夢夢者。」

《謝磊明印存初集》、《謝磊明印存二集》錄有不少名章，可見謝磊明的交際。〈雁宕仰天窠人〉、〈東里亦澹蕩廬人〉、〈雁宕靈岩屏霞廬主人〉是為蔣叔南所刻。蔣叔南乃樂清人，與蔣介石是保定陸軍速成學堂同學。平生愛好旅遊，有「徐霞客第二」之稱。官場失意，解甲歸田，致力雁蕩山開發，功不可沒。這幾方印均有邊款，記蔣氏事蹟。

蔣叔南一九三四年自文成返里路過永嘉，特意拜訪謝磊明，請他為朋友劉祝群刻幾方印。劉祝群乃劉基之後，又是民國時期溫州一位達人。然待章刻成，蔣叔南已意外身亡。〈劉氏祝群〉章邊款記曰：「去夏蔣公叔南自百丈漈觀瀑歸，便道過甌，盛稱祝群先生之為人，屬光為篆此數石。俗氣擾擾，至今始獲報命，而蔣公已作古人矣。臨潁不勝感慨，聊為識此。」

謝磊明為吳鷺山刻有〈吳艮字天五〉章，邊款云：「天五仁兄前自海上歸來，寄余西齋曾一年矣。朝夕過從，久而樂之。今天五移居東山，相見日淺，未知風雨晦明之夕，尚能飄燈過我以破空齋岑寂否？因其索刻，寫此以證心景，即乞正是。甲戌孟夏之月磊明謝光用漢玉印法。」吳鷺山是樂清人，學者、詩人，與夏承燾、梅泠生、蘇淵雷等投契。甲戌是一九三四年，吳鷺山才二十出頭。夏承燾曾說當時的吳鷺山「一心向學，無他嗜好」。

謝磊明還為弘一法師刻過章，一是〈沙門月臂〉，白文，邊款為「磊明為弘一大師製」；一是〈演音〉，朱文，邊款為「磊明擬秦小璽，癸酉十月十日」。癸酉為一九三三年，時弘一法師寓居溫州。次年農曆五月七日弘一法師致性願法師函中曾提及此兩印：「溫州老名士謝君，近為音刻印二方，附奉印稿，希清覽。」謝磊明為畫家汪亞塵刻有〈雲隱樓〉，為收藏大家錢鏡塘刻有〈鏡塘三十後作〉、〈海寧錢鏡塘藏〉等章，後一方收在《錢鏡塘鑑藏印錄》。

丁輔之為《謝磊明印存二集》題名，謝磊明為丁輔之刻有〈鶴廬六十後書畫〉等章。

一九六〇年春，時任北京市委文教書記的鄧拓來溫考察，希望得到民間高手的佳製。於是，古舊書店經理馮國棟向他推薦謝磊明，鄧拓就託馮國棟代為聯絡。謝磊明拿出自己所藏一方上好青田石，為鄧拓刻〈鄧拓之印〉，落邊款「永嘉謝光」。當馮國棟送上印章時，鄧拓拿出五元錢讓他轉交謝磊明作為潤資並代為致謝。

一門五社員

晚清以來，推陳出新是時代的主流，政治、經濟、科學、藝術等方面都出現了前所未有的面目。溫州雖偏於一方，但潮流勢不可擋。溫州人甚至走在了風氣前頭，在各個領域均有所建樹。篆刻創作亦迎來一個繁榮時期，湧現出方介堪、方去疾等大家。其中固然有社會大背景的原因，但不能忽視謝磊明引領風氣的作用，以及他對方氏兄弟的提攜之功。

視野往往決定高度。今天我們可以很方便的到博物館欣賞古人作品，拍賣的繁榮使越來越多的藝術作品從民間走向大眾視野，印刷術的發達也使作品的還原效果逼近真跡；然而舊時的藝術家可沒有這麼幸運，視野受限，自然影響到創作。而謝磊明之所以能引領風氣，很大程度上借助他的藏品。

春草廬之藏品使其堪稱一家印章博物館。據潘國存回憶，謝磊明最愛收藏篆刻名家的印章，藏有唐寅、文彭、何震、丁敬、曾衍東、趙之謙、吳昌碩等明清至近代篆刻名家的作品，依照刻石者時代，分放在特製的匣子裡。謝磊明還收藏有多種稀見印譜。

這些藏品不僅可供謝磊明創作時借鑑，而且使弟子受惠。方介堪在跟隨謝磊明學藝時，勾摹了大量名家印章，視野日廣，技藝大增，為日後發展奠定了扎實基礎。王季思在〈白鵑樓印記〉曾記方介堪此段經歷：「介堪名岩，少為錢莊學徒，與今日永嘉商界聞人翁來科同門，顧以不喜商賈貿遷之術，入夜常燃膏讀書，或操刀篆刻，為店主斥逐，乃於永嘉五馬街擺攤刻字。厥後刀法益熟，交遊益廣，永嘉金石家謝磊明先生招至其家囑代摹古印文字。磊明長介堪二十餘歲，家藏碑版文字，皆吳廷康、郭鐘岳家故物。介堪日處其間，相與討論鑑賞，且師事之。磊明所有友朋酬應之作，多假手焉。數年之內，刻印以萬計。磊明刻印學浙派趙次閒、皖派徐之庚。介堪早歲亦涉獵浙皖諸大家，而獨肖吳讓之。」謝磊明有〈吳治康〉印邊款提及方介堪：「仿秦人小璽文，方生介堪近在海上賣篆，朱文喜學此種，亦一時風氣使然。建國二十二年三月十六日，永嘉謝光並記。」

方節庵、方去疾則是方介堪的堂弟，喜金石篆刻，後來成為謝磊明的乘龍快婿。他們三兄弟又先後到上海發展並有所成，謝磊明出了大力。

相對方介堪、方去疾，大家對英年早逝的方節庵可能不太熟悉，但他創辦的宣和印社，曾是海上印壇的出版重鎮，輯印有吳讓之、黃牧甫、吳昌碩、胡菊鄰、方介堪等印譜，其祕製節庵印泥深受歡迎。

方去疾早年即在宣和印社工作。一九四七年春，西泠印社恢復活動，由丁輔之、王福厰之介加入西泠印社，而謝磊明、方介堪、方節庵早已是社員了，再加上表兄葉墨卿也是社員。親戚兄弟五人同為西泠印社社員，在當時傳為佳話。

陳振鏞說，這幾人作為一個「集團」性的存在，可與西泠印社建社初期的杭州高時豐、高野侯、高絡園家族相媲美。

一九三七年教育部舉辦第二次全國美術展覽會，謝磊明、方介堪師徒及張紅薇、鄭曼青、馬公愚、管聖澤、黃達聰等多位溫州人作品入展。

一九五六年十月，人民美術出版社出版了上海宣和印社印拓的《魯迅筆名印譜》，這是金石篆刻研究社一次聯合創作活動的成果，集合了當時中國七十三名知名篆刻家參與，其中溫籍有謝磊明、呂靈士、方介堪、方去疾、馬公愚、鄒夢禪、謝博文等。這無疑是「一門五社員」影響的一種延續，更可以看成是溫州篆刻界的一次輝煌展現。

謝磊明的影響延續至林劍丹一代。六〇年代初，林劍丹十八、九歲的時候，由葉墨卿之孫葉邁廬引見拜訪了謝磊明。謝磊明對林劍丹鼓勵有加，囑多寫篆字，後來借給一本吳讓之篆書字帖讓他臨寫。林劍丹說：「謝磊明是我走上篆刻道路的第一個引路人。」

曾是謝家燕

謝磊明的收藏富甲一方。吳景文因與謝磊明三子學文同學，故曾出入謝府。他回憶春草廬是謝磊明「自建之七間樓房，占地兩畝，高敞清朗。外道壇（即天井）鑿闢大池塘，旁栽花竹，中養游魚，石筍羅列。內道壇築有花牆，玲瓏透巧，玉蘭花發，香溢庭院。東南樓房，為公藏書寫字刻印之大室，四壁均置自造高闊書櫥拾多大只，珍藏印譜書畫影印版本，琳琅滿目，美不勝收，明窗淨几，移晷忘歸」。

然而一九四八年十一月七日，謝府失火，春草廬藏品頃刻灰飛煙滅。夏鼐聞訊在日記中寫道：「寶蘊樓所藏字畫、碑帖盡歸一炬，亦吾鄉文化之一劫也。」夏承燾亦在日記中感嘆：「此永嘉文化界一災厄。」謝磊明深受打擊。潘國存回憶：「當年年底，他扶杖來過籀園，只見他蒼老多了，連說話也發抖，連連搖頭長嘆。」

謝磊明生前沒有留下一份完整的收藏目錄，亦乃遺憾之處。這裡將時人所記及近年拍賣會出現的春草廬藏品略加匯總，或可管窺一豹。

謝磊明藏品中最知名的當是如下三件：

一是《顧氏集古印譜》。一九二三年四月謝磊明得於括蒼地區，曾刻〈謝光所得明顧光祿集古印譜〉白文印記之，因此命齋名為「顧譜樓」。是譜乃中國存世最早的一部古璽印匯錄，明代顧從德輯，當時只鈐二十部，共六冊。現西泠印社所藏僅四冊，為張魯庵舊物，而謝磊明收藏的為全本，疑為海內孤本。張魯庵曾願以一斤黃金求謝磊明割愛，未得應

《謝磊明印存初集》書影

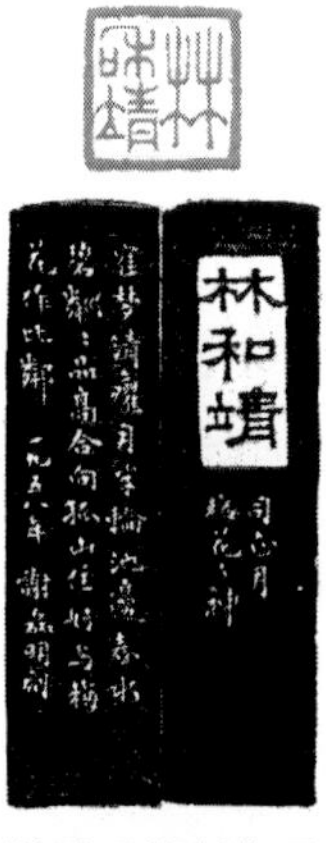

謝磊明篆刻作品《十二花神印玩》之一

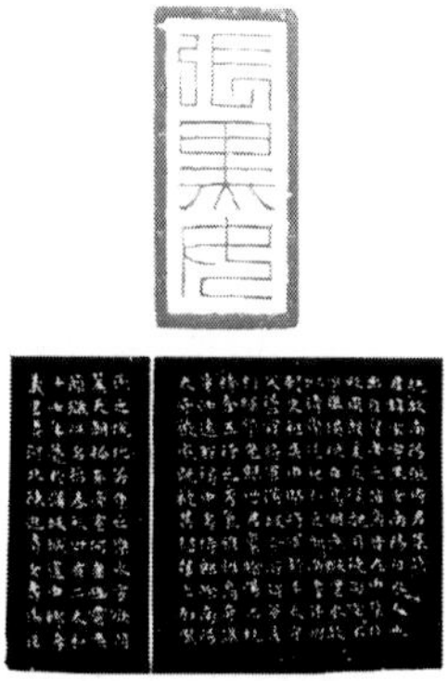

謝磊明篆刻〈張黑女〉

允。一九二六年夏，謝磊明囑方介堪攜此印譜拜謁吳昌碩，請吳昌碩題字。「吳氏看到印譜，驚嘆不已，謂平生曾觀金石書畫珍品無數，但未獲睹全帖《顧氏集古印譜》，深以為憾，暮年獲睹此寶物，為宏福也。」又請褚德彝等題跋。此譜因攜至滬上，躲過失火一劫，歸方節庵收藏。「文化大革命」後，方介堪復見此譜，感慨萬千，作長跋以記。郁重今編《歷代印譜序跋彙編》提及此譜後藏於謝博文處，一九七九年十二月西泠印社七十五週年大會之際，託方介堪與謝家商量能否歸西泠收藏，未能談成，方介堪「長跋以記」當在此時。謝博文一九八五年去世，今此譜不知何在。

二是南宋龍泉窯青瓷葉適墓誌。民國庚辰年（一九四〇年）葉適墓出土，云「得之今水心墓旁之民家屋基下」。正面從右至左書黑釉篆書「大宋吏部侍郎葉文定公之墓淳祐十年吉立」三行十八字，「灰胎，胎質細潔緻密。正面及邊緣施青綠釉，釉質厚潤透明，玻璃質感強，釉面有冰裂紋。背面無釉，呈深褐色」。劫後從瓦礫中尋得，尚全。一九五〇年夏，贈溫州市圖書館。梅冷生代作〈記葉適墓誌〉，記之

《春草廬印存》（溫州市圖書館藏）

甚詳。現藏溫州博物館。陳萬里過溫見之，嘆為「奇遇」，說它是「海內僅有之品」。

三是曾衍東《小豆棚》手稿。因曾衍東曾寓居溫州，遺有不少手稿字畫，謝磊明收藏曾衍東墨跡頗豐。潘國存登門拜訪，謝磊明曾示《小豆棚》手稿、〈梅鵲〉畫卷、〈石叟〉、〈一丘一壑〉印章等，並謂：「七如所作書畫，用筆似青藤、板橋，而狂放卻又過之。」《小豆棚》手稿與龍泉窯青瓷葉適墓誌一併贈與溫州市圖書館。又據張憲文〈七道士曾衍東的生平與著作〉介紹，現溫州博物館藏曾衍東《日長隨筆》亦是謝磊明、梅冷生合藏之物。

而謝磊明最大宗的收藏是名家印章，曾自選其中精品一百五十多方，鈐十多部，名曰《春草廬印存》六冊。謝磊明請劉紹寬為之作跋，跋文收在《厚莊詩文續集》，讚曰：「君博雅好古，於篆刻尤有癖嗜，搜集名家印譜及名人石刻，有美必收，無體不備。而於古今印人流別尤能條分縷析，於其章法刀法之異同之曲折之詳盡，至手奏刀則迥越恆俗。蓋醞釀既深融會而出，有非譾淺者所能望其萬一矣。……是編輯存諸印皆其所昕夕心賞取而摩之者，其邊款一一具列，神采煥發，燦乎可觀。」

上海朵雲軒二〇一〇年秋拍「金石緣：書畫篆刻碑版專場」曾出現一本謝磊明勾摹名家印稿本，收趙撝叔、徐三庚、鄧散木等印章數百方。溫州林曉克亦藏有類似印稿本

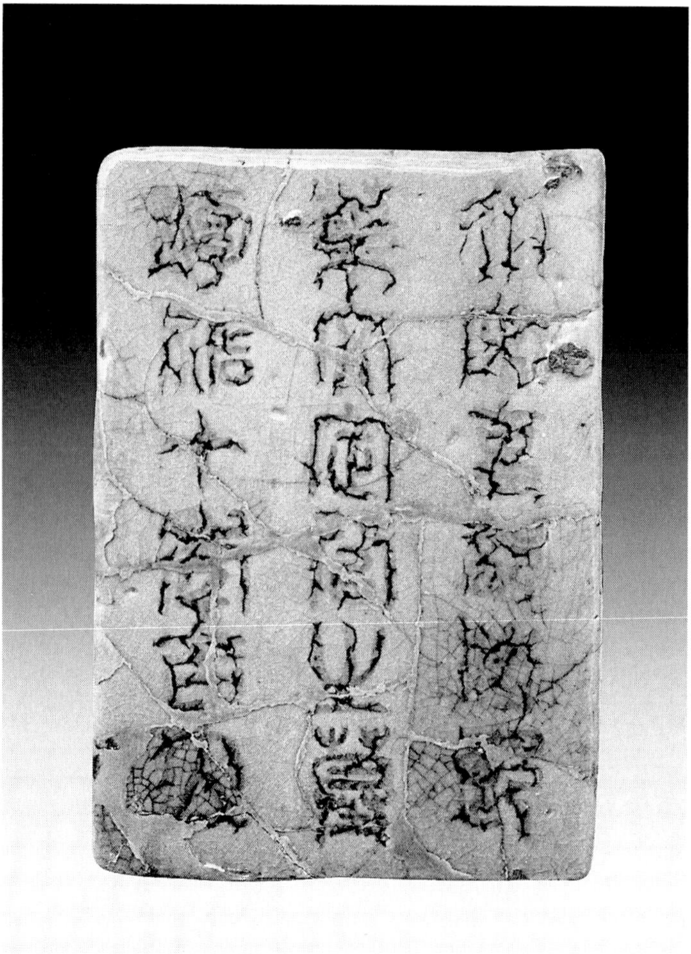

謝磊明舊藏，南宋龍泉窯青瓷葉適墓誌（現藏溫州博物館）

一冊，有焚燒之痕，為劫後重裝。謝磊明還手寫丁敬、黃易、陳鴻壽等印文及邊款，近兩年朵雲軒公司拍賣過數件。這些勾摹稿本和手寫印文，應是謝磊明整理藏品而成。

一九三五年春，謝磊明與林志甄、梅冷生等共同策劃組織永嘉區藝術展覽會，「集郡人新舊各家之作數千本」，又挑選其中精品四十多件，於次年十一月影印成《浙江永嘉區藝術展覽書畫紀念冊》（簡稱《甌雅》）出版。其中謝磊明藏品除曾衍東〈梅鵲〉外，還有項維仁〈仙山雲海圖〉、陳舜諮行書、黃紹箕篆書對聯、李宣龔行書。

謝磊明藏有孫詒讓光緒丙申年（西元一八九六年）手拓鼎銘並附釋記及寄黃紹箕橫卷，一九四八年請劉景晨題跋，劉景晨題曰：「鄉邦文獻球璧同珍，得之有緣，曷勝歆羨。」並欣然作詩三首，收入《劉景晨集》，編者擬題為「磊廬仁兄屬題孫仲容先生手拓鼎銘三章」，其一：「二老風規故儼然，樞衣還記卌年前。摩挲遺物今何在，畏向藏家說海田。」俞天舒編《黃紹箕集》錄有孫詒讓寄黃紹箕〈麥鼎拓本跋〉，係張宋廎從謝磊明處錄存。

夏承燾初識吳鷺山，吳鷺山即帶他去謝府欣賞藏品，《天風閣學詞日記》一九三二年二月十日提及「見其所藏謝疊山卜卦硯及黃莘田十二生肖像各一枚」。

劉紹寬《厚莊日記》提到謝磊明曾給他看過「所裱貝葉十八葉，頗精緻」。

一九四六年七月六日，夏鼐到謝家借碑帖時，謝磊明出示「其家掘防空壕時所得之宋磁，一高腳杯綠釉隱花，尚完整」。一九五六年冬，夏鼐回鄉探親，「謝磊明先生來，攜來王國維〈大良造鞅方量跋〉及偽刻埃及古碑四幅」。

檢《舊溫屬聯立籀園圖書館特藏目錄》，登記「永嘉謝磊明贈」共四種，南宋龍泉窯青瓷葉適墓誌外，還有清黃紹箕行書橫幅、元教授王德齋壙志兩件、明姜立綱殘硯一件（有銘文）。五〇年代均已移交市文管會，但查溫州博物館藏品目錄，後三件已不存。

現溫州博物館藏汪如淵〈永嘉詩人祠堂圖〉亦是謝磊明舊物，於一九五七年八月十六日捐獻給溫州市文管會。畫右下角鈐有「磊明所藏」白文方印，題簽上謝磊明書「汪香泉永嘉詩人祠堂圖。丙子四月，磊明裝藏」，並鈐有「謝光」朱文方印。

二〇一〇年北京保利五週年秋季拍賣會出現謝磊明、方節庵舊藏《漢銅印原》，清汪啟淑輯十六卷鈐印本，上有謝磊明題跋，稱「此冊係民國十四年以所藏嘉道間名人字畫數件易於同郡周氏，越二十年經過辛巳、壬午、甲申三次淪陷避滬避鄉劫餘之物，節庵賢倩見而愛之即以奉貽」。此書屬當年秋拍之古籍精品，成交價近六萬人民幣，韋力特在〈二〇一〇年古籍秋拍擷英〉文中稱讚。

謝宏文回憶文章還提到父親收藏古代刀幣、銅鐵器及各國郵票，可見謝磊明收藏門類之廣。查上海崇源藝術品拍賣公司二〇〇三年春拍出現過一冊《磊廬老人藏泉》拓本。劉紹寬在〈春草廬印存跋〉中特別指出謝磊明「精於摹拓之法，嘗以古今錢譜輾轉臨摹皆失真相，於是取所蓄刀布古錢皆手摩拓之，其鑑別精審不減於戴文節《古泉叢話》」。《夏鼐日記》提到謝磊明藏古幣有一千多枚，其中有清末金錢會起義符標「金錢義記」等精品。

謝宏文又說，家裡有唐寅、文徵明書畫真跡。謝磊明七十大壽前兩年，方節庵在上海藉主持書畫組織之便，製〈百壽圖〉為賀，梅蘭芳等百位名家題壽字。方介堪另有單獨作品祝壽，均毀於「文化大革命」。

……

春草廬坐落溫州城區楊柳巷，一條具有戴望舒筆下〈雨巷〉般浪漫的江南小巷，舊城改造拆毀無數條這樣的詩意巷弄，楊柳巷倖免於難。然而物是人非，舊時春草廬前燕，不知飛入誰家。謝磊明最後手持刻刀，仆在書桌上再也沒有醒來，帶著愛恨而去，真令人感慨一切是空，人生如夢。

謝磊明育有博文、學文、宏文、以文、良文、克文、秀芸、秀芝、秀菊、秀蕙等子女。秀芸嫁方節庵，秀芝嫁方去疾。博文，字師約，書畫金石皆能，年未若冠即在溫州中山公園紀念堂舉辦過書畫篆刻展，曾任省立溫州師範學校教師，後居上海。以文，生活在臺灣，亦擅長繪畫，舉辦過數次「彩墨畫展」。

林損胡適交惡考

本文斷斷續續寫成，中間穿插寫了謝磊明一稿，於二〇一四年八月十五日脫稿。收錄於《甌風》第十三集，文匯出版社二〇一七年十一月版。

今天我們談論起林損，總無關他的學術，只留使酒罵座的狂名。周作人更是把他與辜鴻銘、黃侃、劉師培並列為北大怪人。這多少有些令人遺憾。

「關於林教授，社會自有公論。我不因你謾罵，致更史實」

林損在北大時期的照片

林損的狂與怪，典型的一次表現是發生在一九三四年四月的辭職風波，至今仍有人津津樂道，是為著名的北大舊事。

這樁公案有人認為是胡適公報私仇所致，有人以為是林損咎由自取。先是張中行在《負暄瑣話》裡的〈胡博士〉一文中寫道：「說起北大舊事，胡博士的所為，也有不能令人首肯的，或至少是使人生疑的，那是他任文學院院長，並進一步兼任中國語言文學系主任，立意整頓的時候，系的多年教授林公鐸解聘了。林先生……是反對白話，反對新式標點，這都是胡博士提倡的。自己有了權，整頓，開刀祭旗的人是反對自己最厲害的，這不免使人聯想到公報私仇。如果真是這樣，林先生的所失是雞肋（林先生不服，曾發表公開信，其中有「教授雞肋」的話），胡博士的所失就太多了。」

程巢父對此卻另有看法，專門寫了〈張中行誤度胡適之——關於林損對胡適怨懟的辨證〉來反駁，認為張先生對胡適的理解並不深，透過從〈林先生公葬墓表〉、《胡適之先生年譜長編初稿》、《知堂回想錄》、《天風閣學詞日記》、《吳宓日記》等處尋來的資料進行一番論證，得出結論：（一）林損在人性上有弱點。（二）林損在被解聘前，耽酒，學問上無所進展，殊少創新。（三）解聘林損，與胡適無關。

過了幾年，李振聲在《書城》發表〈且說林損怨懟胡適這樁陳年公案〉一文，依據程文採信的證據，得出相反的論斷：當時胡適與蔣夢麟、傅斯年是一個戰壕的戰友，「中興北大」的旗幟舉得高高的，無論從哪個角度講，林公鐸的被解聘，胡適必有脫不了的干係。劉永翔〈胡適與林損間的一段公案〉也持相同意見：「蔣夢麟、胡適二人所為則難免黨同伐異之譏，遠遠背離了蔡元培先生『相容並包』的治校方針了，而這一治校方針從此再也沒有恢復！」

新得黃惲《燕居道古》，內有〈林損辭職的真正原因〉一文，亦關於該話題，但矛頭直指蔣夢麟：「高仁山與李大釗一起為張作霖殺害數年以後，蔣夢麟迎娶了高仁山的遺孀陶曾谷，這在舊派舊思想的林損看來，很是不能忍受。朋友妻尚不能戲，更不用說是朋友的遺孀了……在林損眼中，蔣陶這種結合很不道德，因此書呆子氣發作，在北大校園裡又開罵了。這次罵的不是胡適，卻是代理校長的蔣夢麟，據說詩作得『極為刻骨』，把蔣氏罵得極為不堪，甚至辱及私德。這樣一來，林損就生生把一把保護傘給罵走了，不要說胡適想拿他開刀久矣，現在蔣夢麟也想拔了眼中刺，去之而後快了。於是一年一送的聘書就沒有了，林損這一次，因為得罪代理校長，連馬裕藻也救不了他了。我想，事關蔣夢麟的聲譽，即使是蔡元培也不可能再幫林損了。」

潘猛補則從朱希祖書信裡找到胡適「君子報仇，十年不晚」的證據。一九二〇年，北大一位叫孔家彰的學生，因為升學的問題對林損有意見，便寫信向胡適反映，胡適把信轉給負責此事的朱希祖處理。朱希祖為了說服林損，又把信轉給林損看，雖然把具名的末頁藏了起來，但林損還是查出告狀的學生是誰，並鬧到胡適那裡，胡適羽翼未豐只好忍氣吞聲。所以，朱希祖寫信給胡適，表示歉意：「今天接得你的信，知道林公鐸先生因為孔家彰事鬧得不休。這事多是我粗心不好，不該把孔生給你的信給林先生看。但是我的初心並不是把這封信給林先生看了，與孔生及先生為難。我因為學生中對於國文教員寫匿名信的很多，凡我可以與教員說得通的，我同他面說，不把信給他看；說不通的，只好把匿名信給他看，使他警悟。孔生給你的信，我僅把一、二兩頁給林先生看，末頁具名的不給他看。不料信中有升班的事，我起初只看罵人的地方，並不看到這件事。這是我粗心不好。林先生卻因這件事查出孔家彰的名姓來，又誤以為此事是先生辦的，或因此遷怒先生。萬望先生海涵大量，勿介意為幸。至於孔生升班的事，卻是一件公事，我也不能勸林先生不說。……如其該升，也不能聽林先生與他為難；如不該升，也不能禁止林先生與他為難。因為林先生課程上與他有關係，不比旁人。況林先生處我已勸他勿為己甚，且對他說此事與適之先生無關。不料他愈鬧愈甚，簡直使我難堪，使我蒙『撩人是非』之嫌，友誼上說不過去，我也不願再與他交涉。這事我對先生開罪之處，或有見諒之一日。對孔生我只好獨負其責。先生對於孔生已遂他英語升班之願，也不算對不住。至於其餘升班的事，其中必有誤會之處，也只好不管他了。」潘猛補認為胡適與林損早結下梁子，一旦「手握尚方寶劍，必開殺戒，將林損這刺頭剔除」，所以，「不必為胡適避諱而強為辨證」。

早在四〇年代初，胡門弟子胡不歸發表《胡適之先生傳》後，就引發過一番爭論。胡不歸認為林損在辭職事件中大失學者風度，當時輿論界對林損大起反感，而胡適的氣量很大，「一笑置之」。故林損門人薛凝嵩頗為不滿，兩度致函胡不歸質問。薛凝嵩信中說，當時天津《大公報》、北平《晨報》均刊消息，林損請辭職後，國文系學生聞訊表示挽留，何來「大起反感」。「林公鐸、胡適之二先生，道雖不同，其致力於中國之學則一，其致力於中國文學之主張見仁見智，各有千秋。夫學術見解，與政治主張迥不相侔，絕非標榜本戶、推助波瀾所能得逞。」、「夫古今學術之爭，不能破則不能立。孟軻斥楊墨為禽獸，莊周指仲尼為盜丘，如此謾罵，豈不十百倍於林教授之致胡先生兩函。」對於薛凝嵩的指摘，胡不歸覆函諷刺薛「如林教授化身一般」，「關於林教授，社會自有公論。我不因你謾罵，致更史實」。報人趙超構則評論胡不歸這種「捧生人、貶死人」的做法「不見得怎樣合乎學者風度」。

「人生各有適，吾道竟何之」

林損辭職事件整整八十年過去了，「社會自有公論」的現實是胡適如日中天，而林損徒有狂名，只是人們談論胡適的配角。落入胡不歸之口，實乃有失公允。考量林損與胡適的關係，有必要還原當事人的說法。

林損曾兩度進出北京大學。第一次是從一九一四年春至一九二六年冬，達十二年之久。先任法預科講師，後升任教授。因軍閥混戰，北大經常發不出薪水，要養活一大家子的林損迫於生計，遂去東北大學執教。一九二九年秋再度進入北大，任國文系教授。胡適雖然比林損遲幾年到北大，一九二六年離開後，也於一九三一年重返北大，這樣一對「冤家」又聚在一起了。

林損與胡適的矛盾是公開的。張中行在〈紅樓點滴〉中回憶林損把對胡適怨氣發洩在課堂上。「一次，忘記是講什麼課了，他照例是喝完半瓶葡萄酒，紅著面孔走上講臺。張口第一句就責罵胡適怎麼不通，因為讀不懂古文，所以主張用新式標點。列舉標點的荒唐，其中之一是在人名左側打一個槓子（案即專名號），『這成什麼話！』接著說，有一次他看到胡適寫的什麼，裡面寫到他，旁邊有個槓子，把他氣壞了；往下看，有胡適自己的名字，旁邊也有個槓子，他的氣才消了些。」

還有個學生嚴薇青在〈北大憶舊〉中特地寫了林損和胡適他們的事。「林之解聘，可能是和他課堂上公開辱罵蔣夢麟、胡適和傅斯年有關。這三人中，對校長蔣夢麟只是附帶及之，主要是罵胡和傅；但他罵的並非學術上的問題，只不過是一些生活細節。如林自己所說：有一次教授聚餐，他向胡適敬酒，胡謝絕不喝，並出示手上的戒指，說這是胡夫人讓他戒酒的信物。林當即說：『胡夫人讓你戒酒，你就不喝，如果令堂讓你戒酒，你又該怎樣呢？』弄得胡適十分狼狽。」如對傅斯年，則當面告訴他：「你考北大的入學考卷，還是我看的呢！」嚴薇青回憶，林損上課經常以文言代口語，第一次上課就對學生講明：「考試時你們必須要用文言文答卷，白話文我一概不看。」

又據《林氏宗譜》所載〈林公鐸先生行述〉，一九一九年九月，蔣夢麟代長北大，在今雨軒宴請林損，胡適、馬敘倫、黃節、倫明、朱希祖、吳梅、張爾田、陳懷、林辛等均在座。有胡適粉絲拿《嘗試集》給林損看，他翻遍全書，扔書在地，說：「此狗屁不通。」胡適尷尬問：「適固不通，請指其短。」林損把全書從頭背到尾，一一指出哪字不當哪句不通，「胡適為之赧然」。

《每週評論》一九三四年第一四八期有〈林損作聯嘲胡適〉一則：聞胡適演講蔑視儒家，林損嘲為「狗之屁」，聯嵌「適之」：「人生各有適，吾道竟何之。」橫批「胡為乎」。胡適聽說後，不甘示弱：「他自發於餘竅耳，於我何損。」

胡適在一九一八年四月刊行的《新青年》雜誌上發表〈建設的文學革命論〉，宣導「國語的文學，文學的國語」，林損撰萬言〈漢學存廢問題〉予以反駁。據陳謐《林損傳》，該文「力闢其不可行者凡二十五事，玄同及適亦不敢謂非」，送他一個綽號「骨董」。在此背景下，林損還寫了〈天下文字必歸六書論〉、〈轉注從戴說〉、〈注音字母為滅漢學之原〉等文，惜均已佚。

林損對白話文的態度，在一九一三年撰寫的〈說報〉一文中可見一斑：「所謂文之工者，曰神理氣味格律聲色，八者咸備，即爾雅淵懿之文也。」、「爾雅淵懿，則入人必深；粗獷鄙倍，則入人必淺。」、「文與語分，此文章之所以離群而立也。」他舉《列子》中「使龍發於餘竅，子亦將承之」和《荀子》中「如以狐父之戈觸牛矢」兩句為例，如翻譯成白話即「若公孫龍所發之屁，魏牟亦將食之」、「硬棒觸糞」，則「鄙倍極矣」、「粗狂至矣」。但大勢所趨，後來林損對白話文的態度也有所改觀，他的學生徐英《林公鐸先生學記》稱《中國文學講授發端》涉及文言與白話的關係，「白話之提倡與否，今所不論也，然要不能屏之於文之外，則似無可疑者」。

林損寫過一首白話詩，這大概是鮮為人知的。題為〈苦——樂——美——醜〉，發表在一九一八年四月十五日出版的《新青年》雜誌第四卷第四號：「樂他們不過，同他們比苦！／美他們不過，同他們比醜！／『窮愁之言易為工』，畢竟苦者還不苦！／『糟糠之妻不下堂』，畢竟美者不如醜！」周作人說這首詩傳遞出來的思想對魯迅塑造阿Q產生了影響。但顯然林損是意氣用事，只想說明我不是不會做，而是不屑做而已，他「送給劉半農、胡適之看，他們便把它登上了」，胡適他們是想讀者看林損的笑話。林損有一首〈初試白話〉，應是寫此白話詩後所感：「相鼠有皮人有禮，當筵避席汝何心。愛才吾亦兼憐物，千笑初聞第一音。」

《林損集》收錄了一篇〈論演講會作用〉，係林損一九二一年左右在北大的演講紀錄稿，是目前能找到的唯一白話文演講稿，裡面談到胡適及《嘗試集》：「軍人拿人家的生命來嘗試，所以叫萬惡的軍人。胡適居然要拿人的心靈來嘗試。莊子有句話說：『哀莫大於心死。』胡適要把人心死盡，豈止萬惡教員而已！譬如打銅的匠人，打銅把銅質耗廢完，卻剩點銅渣充數，這就不能打銅。……大家想一想，我們的命雖不值錢，難道比銅渣、玻璃管都不值嗎？為什麼應該受他們這樣的斷送呢？但是胡適本只是一個人的胡說八道，本沒有人聽他，教育部裡頭不應該毫無主見的聽他胡鬧。」

在林損未刊手稿中，有「辨奸論，誅胡適也。言行矛盾，好名無恥，攬權嘗試，淫樂思亂，騎牆詐欺」等句，未寫具體內容。北大學生鄭汝翰因病去世，林損作〈鄭汝翰哀詞〉，斥胡適之言行有損學生之純潔：「鄭生肄版太學，號位高朗純潔。然胡適之流，挾其淫妖狡險之才，倡浮薄無根之學，為異族牛馬走，揭旗幟以擁皋比，陷溺人心，不知所底。使鄭生尚在，其能不受磨涅與否，未可量也。」

他在與表侄陳謐的信中，分析形勢，同樣表達了對新文化的牴觸以及對胡適的反感：「今日之患，不在末壞，而在本衰。學者無以自立，務求勝人，碎義難逃，譁世取寵，非徒文學之一事也。逐新者妄，守舊者愚，其大本大法皆失之矣。唯願精造自得，資深逢原，暫居闇然，不患不日章耳。」、「乾坤之運，不能無變，文學之變，由來亦久，氣化推移之中，必有芻狗筌蹄之設。昔之八股，獨盛五百年，及今一蹶，遽為灰燼；白話雖行……不待五百年也。」、「蔡元培本一浮華小人，寄跡他國，情均聾瞽，納采遊士，以推行其競名死利之為，非知學者。胡適雞狗蟲豸，更無所置之。設速朽之業，以邀不朽之名，自古斷無此理。昔嘗戲駁其說，凡數百條，批隙導窾，頗云砉然，既而祕之，誠不忍割雞以牛刀也。」胡適曾作《不朽——我的宗教》。

此外，林損長兄林辛先他幾年被排斥出北大，《北大月刊》不予刊登他的一篇〈醉石先生事略〉，林損都以為是「媚夢麟者」所為。林損平素器重的一同鄉學生卒業時居然在試卷上作白話文詆毀，故意與他作對，使他怒不可遏，認為「必受胡適教唆」。這些都逐步加深了林損對北大掌權者，尤其是蔣夢麟、胡適的厭惡。

一般以為，林損故步自封，他與胡適交惡是白話和文言之爭，進一步是進步與保守之爭；但事實上，林損對科學精神一直保持著敬畏。他自小對數學很有興趣，嘗言「通人碩士，恥事筆硯之間，咸以輸入文明振興科學為己任，算學亦六科之一也」，對科學亦嚮往，到了三〇年代，還寫詩闡述科學真理不可拋棄：「尺棰日取不竭，厥理真實非誣。原子電子立喻，科學豈可捨諸。」並且，他早年參與編輯《黃報》，與黃興、宋教仁、姚桐豫等共同「馳驅革命」。

《林損集》的編者陳鎮波認為，林損與胡適的分歧主要在學術、政見方面，集中表現在〈惜士〉一文中：「謂中國可暫亡五十年者，此何言也？謂中國無文化者，此何心也？謂宜棄國粹而一歸於歐化者，此何理也？排除老成而抵斥異己者，此何行也？拜夷酋而隨戎師，此豈出於五藏哉？恐亦非夫已氏之性然矣。一墮荊棘，逆施倒行，皇帝之臣歟？浪士之徒歟？父母之不孝子歟？執政之一顧問歟？狗非犬類，而犬可以為羊。呼嘯朋儔，皆如斯類。而刑戮不加，權威不損，極無道之為，取富厚之實，乘國家之危，作樂志之機，乾坤為之震盪，正人為之傷氣。」胡適曾在〈我們可能等候五十年〉一文中，認為：「我們的最後勝利是毫無可疑的……在一個國家千萬年的生命上，四、五年或四、五十年算得了什麼？」並說過，中國的文化傳統都是「無濟於事的銀樣的鑞槍頭」，主張「充分世界化與全盤西化」。杜威（Dewey）來訪，胡適作歡迎詞說：「自從中國與西洋文化接觸以來，沒有一個外國學者在中國思想的影響有杜威先生這樣大的。」

因此，林損說：「為異族牛馬走，則顛覆國本之罪也，此而不誅，則不足以為兆民之表率矣。」、「今外侮之來抑甚矣！無倀何虎，倀之毒甚於虎也。殺人之身者何如死人之心，二死人之心者，則皆此倀之所為也。」但林損接受《申報》記者採訪，只承認學說上與胡適不同，並無政見上差異。「本人係教授，教授教書，各有各之學說，合則留，不合則去。」

終於，當胡適著手改革時，許之衡選擇默默離去，而林損一如既往，公開叫板。他分別向蔣夢麟、胡適寫了信。致蔣夢麟云：「自公來長斯校，為日久矣。學生交相責難，喑不敢聲，而校政隱加操切，以無恥之心而行機變之巧，損甚傷之。忝從執御，詭遇未能，請從此別。祝汝萬春！」致胡適云：「猶石勒之於李陽也，鐵馬金戈，尊拳毒手，其寓於文字者微矣。頃聞足下又有所媒孽。人生世上，奄忽如塵。損寧計於區區乎？比觀佛書，頗識因果，佛具九惱，損盡罹之，教授雞肋，棄之何惜，敬避賢路，以質高明。」又在系裡貼了布告：「損自即日自動停職，凡選課者務祈繼續自修，毋曠時日，以副平素區區之望，是所至禱。」留下別學生詩：「終讓魔欺佛，難求鐵鑄心。沉憂多異夢，結習發狂吟。敦勉披襟受，余情抵海深。吁嗟人跡下，非獸復非禽！」

林損在北大，「學生中喜新文學者排之，喜舊文學者擁之」。他攜眷南歸，有人歡喜有人憂。一位叫趙舫的學生獻詩惜別：「每笑白室睹緇帷，深惜先生抱道歸。避世無煩關尹問，憂時終致魯人譏。甘陵往事分南北，儒墨於今有是非。回首舊京三月暮，不堪桃李門芳菲。」更有舊時學生和在校生來信慰問，李如漢在信中說：「胡適者，亦復說之成理，言之動人，不為之惑者既寡，而能指其瑕疵者更不易得，況能面責以詞乎？斯人之易文言為白話，慮文言無以見勝於人，僅欲自掩其醜耳，而其流毒於天下，小人得志，往往如是，可勝嘆乎！」

風波頓起，流言飛揚。林損寫信給黃侃，通報情況，並附以致蔣、胡函：「奉閱致穎民書，有『林君辭職，不勝惋惜，隋侯之珠，何致彈雀』等語，高誼深情，銘之五內，然蔣夢麟、胡適之為雀鼠，非私害也。食苗食麥，太倉其空，若不加以彈擊，所學何為？一擊不中，倏然遠逝，損今為空空兒矣。報載種種，類不以情。至於『君子不非大夫』、『絕交不出惡聲』諸流言，希以經術裁之，聊存正氣於南國，非欲爭於北鄙也。」

幾位知情教授在日記中留下了對林損辭職的紀錄，亦各有看法。劉半農一九三四年四月十六日日記：「下午到一院上課，忽於壁間見林公鐸揭一帖，自言已停職，學生不必上課云云。殊不可解。電詢幼漁，乃知夢麟囑鄭介石示言公鐸，下學年不復續聘，你先為之備，公鐸遂一怒而出此也。以私交言，公鐸是余來平後最老同事之一，今如此去職，心實不安，然公鐸恃才傲物，十數年來不求長進，專以發瘋罵世為業，上堂教書，直是信口胡說，咎由自取，不能盡責蓼麟也。」鄧之誠一九三四年四月十八日日記：「北大蔣、胡數易馬幼漁及黃、林諸人。公鐸遂先起辭職，與書痛詆蔣、胡，騰諸報章，看來此事必有大波瀾也。前三年，蔣之逐朱逖先，意即在孤馬之勢，特馬不知耳，然尚能免撐三年之久，馬亦倔強哉。」

林損離開北大，黃侃介紹他到中央大學任教。遇朱希祖、吳梅等老友。朱希祖感曰：「憶民國六年夏秋之際，蔡孑民掌校，余等在教員休息室戲談：余與陳獨秀為老兔，胡適之、劉叔雅、林公鐸、劉半農為小兔，蓋余與獨秀皆大胡等十二歲，均卯年生也。今獨秀被捕下獄，半農新逝，叔雅出至清華大學，余出至中山及中央大學；公鐸又新被排斥至中央大學。獨適之則握北京大學文科全權矣。故人星散，故與公鐸遇，不無感慨繫之。」

「此等敗類竟允許其在北大如此久，亦吾等一切人之恥也」

但胡適對此並未作多解釋，覆信林損：「今天讀手示，有『尊拳毒手，其寓於文字者微矣』之論，我不懂先生所指的是哪一篇文字。我在這十幾年之中，寫了一、兩百萬字的雜作，從來沒有一個半個字『寓』及先生。胡適之向來不會在文字裡寓意罵人，如有罵人的工夫，我自會公開的罵，絕不用『寓』也……『頃聞足下又有所媒孽』，這話我也不懂。我對人對事，若有所主張，無不可對人說，何必要作『媒孽』工夫？」、「來函又有『避賢路』之語，敬聞命矣。」這又引來林損又一封罵：「字諭胡適，汝本亂賊，人盡可誅，律無專

民國八年（一九一九年），北京大學法預科三年級甲班畢業紀念照。
前排左五為林損（黃瑞庚提供）

條，遂爾免脫，然為杜威作夷奴，為溥儀作奴才，縱有他技，亦無足觀，況無之乎？嘗試懷疑諸邪說，只遺臭耳，盍張爾弓，遺我一矢！」胡適接信後再無聲響，此事才漸漸平息下去。只是到了晚年，他對胡頌平兩次提及林損，一次說陳介石、林損「舅甥兩人沒有什麼東西，值不得一擊的」，再一次是相反的意思：「公鐸的天分很高，整天喝酒、罵人、不用功，怎麼會給人競爭呢？天分高的不用功，也是不行的。章太炎、黃季剛他們天分高，他們是很用功的啊。公鐸當我面時，對我很好，說：『適之，我總不罵你的。』」

胡適的日記、書信除一九三四年五月三十日日記涉及「商定北大文學院舊教員續聘人數」外，隻字未提林損的事。倒是傅斯年不想隱瞞什麼，他於一九三四年四月二十八日修書胡適：「在上海見北大國文系事之記載，為之興奮，今日看到林撰小丑之文，為之憤怒，恨不得立刻返北平參加惡戰。事已如此，想孟鄰先生不得不快刀斬亂麻矣。此等敗類，竟容許其在北大如此久，亦吾等一切人之恥也。今日上孟鄰先生一書，痛言此事。此輩之最可惡者，非林而實馬，彼乃藉新舊不同之論以欺人，試問林、馬諸醜於舊有何貢獻？此小人戀棧之惡計，下流撒謊之恥態耳。越想越氣，皆希努力到底。」五月八日致函蔣夢麟：「國文系事根本解決，至慰。唯手示未提及馬幼漁，深為憂慮不釋。

據報上所載情形論，罪魁馬幼漁也。數年來國文系之不進步，及為北大進步之障礙者，又馬幼漁也。林妄人耳，其言誠不足深論，馬乃以新舊為號，顛倒是非，若不一齊掃除，後來必為患害。此在先生之當機立斷，似不宜留一禍根，且為秉公之處置作一曲也。馬醜惡貫滿盈久矣，乘此除之，斯年敢保其無事。如有事，斯年自任與之惡鬥之工作。似乎一年乾薪，名譽教授，皆不必適與此人，未知先生高明以為何如？」

對於馬幼漁等浙江人把持北大之情形，楊樹達日記亦有所涉。如一九二九年八月十四日，「飲席遇楊丙辰，談北大學生近日開會，以朱希祖、馬裕藻兩主任把持北大，不圖進步，請當局予以警告云云」；一九三〇年三月三十日，參加單不庵追悼會，想起單曾對他言，「欲北大辦好，非盡去浙人不可」，「不庵固浙籍，蓋憤朱、馬輩之把持也。故余挽之云，『眾人皆醉，靈均獨醒』，指此事也」；一九三三年四月六日，訪陳援庵，「談及北平教育界情形，援庵深以浙派盤據把持不重視學術為恨。於此知天下自有真是非，宵小之徒不能掩盡天下人耳目也」。在胡適一九三五年十二月二十日日記中也可看到類似態度：「六點半赴北大教授俱樂部第一次聚餐，飯後有長時間的討論。馬敘倫發言最多，多沒有意思，也全沒有煽動力量。此人破壞了教育界多少年，尚不知愧悔，妄想打劫，可憐！」

行文至此，林損辭職風波的來龍去脈大致可以看清楚了。當初胡仁源招林損等來北大，是排斥桐城派的勢力，蔡元培繼任，「文學革命、思想自由的風氣，遂大流行」，在胡適、蔣夢麟、傅斯年們看來，朱希祖、馬幼漁、林損等「浙人」個個是絆腳石。雖然林損曾對《申報》記者說：「其實本人與適之非同道久矣。此次辭職，完全鬧脾氣。」林損的性格固然是造成與胡適矛盾的不可忽視的因素，馬敘倫歸結為「有節概，猶是永嘉學派遺風也，既不肯屈己附人，而尤疾視權勢」，但個中奧妙怎是「鬧脾氣」了得。借用陳平原的話：「北大校園裡的改朝換代，如何牽涉政治潮流、學術思想、教育體制，以及同門同鄉等具體的人事關係，遠非『新舊』二字所能涵蓋。」

附：

在一九二〇、三〇年代北京大學新舊轉型之際，林損是位有名的人物，因與胡適等意見不合遭解聘。其受爭議，正如馬敘倫所說：「學生中喜新文學者排之，喜舊文學者擁之。」林損因脾氣怪癖，在《知堂回想錄》中，周作人把他與辜鴻銘、劉師培、黃侃等並列爲北大怪人。不過，周作人以爲林損「一般對人還是和平，比較（黃侃）容易接近得多。他的態度很是直率，有點近於不客氣」。馬敘倫更進一步說，「其得於人亦有在講授之外者。蓋攻讀有節概，猶是永嘉學派遺風也」。

林損育有兩子四女。長子守井夭折。長女守田，次女守敬，三女守瑜，四女守聿，幼子負芻。二〇〇九年四月，我在溫州文獻叢刊出版座談會上見到《林損集》的編校者陳鎮波先生，才知道林損的子女均生活在溫州，遂萌採訪之意。陳先生建議我採訪三女守瑜，說林損尤其喜歡這個女兒，曾帶她一同去北京、陝西任教。請陳先生徵得林女士同意後，我即與她電話聯絡，但拖至第二年才登門拜訪。時林女士住在兒子馮仰光家。

林守瑜女士出生於一九二三年，當年已八十七高齡，身體健朗，講起往事思路清晰。後來我又列了提問提綱，留下一支錄音筆，請其子女幫忙錄音。林女士就其所知分段講述，約計兩個小時，多是她親歷親見親聞。去年六月，這段錄音因電腦損壞差點丟失，我急出一身冷汗，幸好請高手修復電腦才找回檔案。不能再拖了，最近我逼著自己，將錄音整理成文字。稿成後請林守瑜女士過目，又補充了若干內容。

我的父親林損

本文於二〇一二年十一月二十二日據林守瑜口述改定，於《溫故》第二十六集，廣西師範大學出版社二〇一三年七月版。

硬命釘兒

我的父親是早產兒，出生當天，生母就去世了。第二天，我曾外祖父過來說，女兒沒有了，大人的命換小孩的命，把小孩好好養大。可大家都說我父親剋母，是「硬命釘兒」，不待見他。沒奶吃，也沒人抱，哭得很厲害。父親的二舅陳介石就讓三妹來領養他。所以，父親的三姨就是他的養母。她嫁到鄭家，不到一年就守寡了。但是，鄭家婆婆不同意兒媳領養外甥，她就跪下哀求婆婆。最後，她婆婆說，你要養他也可以，但我們鄭家不認他是鄭家子孫。

就這樣，父親的三姨成了我的奶奶。奶奶養我父親養得很辛苦。沒有奶吃，就煮粥飲（燒粥時溢出的湯，很薄很薄的粥，舊時認為富有營養）餵他喝。那時候都是大床，我父親在床上爬來爬去。奶奶抱他的時候，都跪在床上抱。

奶奶讀過書，還教我父親念書識字。

三位舅舅

我的父親有三位舅舅。

大舅陳燃石，早逝。他的大兒子是陳懷。二舅陳介石對他的影響最大。說起我的父親，別人都曉得他是陳介石的外甥，是陳介石把他帶出來的。我的祖父是陳介石的學生，他把妹妹許給我祖父作妻子。陳介石辦家塾，我父親就跟著他學了。陳介石到廣州辦學，招我父親去讀書；到上海辦雜誌、北京教書，也把我父親帶在身邊。父親小時候還有一位私塾老師叫程石仙，他也當過我的先生；所以程先生碰到我就說，妳父親是我的學生，妳也是我的學生。

三舅陳醉石待我父親也很好。奶奶從鄭家出來，搬到娘家住，生活窘迫，織布、刺繡以添補家用。那時候我父親還沒有學會走路，坐在紡車邊。他三舅經常在樓上書房讀《詩經》，父親在樓下聽。聽著聽著，學著同樣的腔調唸了起來，這令陳醉石很高興，感慨林家有讀書種子，還取來棗子作為獎勵。後來我父親上私塾，不管晴天還是下雨，都是他三舅接送。陳醉石病逝，我父親作了篇祭文，主持葬禮的人嫌長，他就自己跪著唸，邊哭邊讀，讀了個把小時。

當過小學教師

父親參加過童子試，但屢考不中，悶悶不樂。才五歲的表妹黃喜姑安慰他：秀才算什麼呢，不能當飯吃，不能當衣穿，考不中就考不中唄。黃喜姑第二年因痘瘡夭折。這事記在我父親寫的黃喜姑壙志銘上。

父親後來是大學教授，但他還當過小學教師。十五歲到平陽鄉村學堂當童子師。二十歲的時候，陳懷介紹他到樂清柳市高等小學任教，教過英語、算學等課。

虛歲二十二歲時，父親和我母親結婚。母親那年十九歲，小父親三歲。結婚第二天，家裡來了賊，把我母親的首飾等貴重物品偷去了。為了能抓到賊，家人還去關帝廟「畫馬腳」。為什麼「畫馬腳」能抓賊，我也不懂。但據說後來「馬腳」被人解了，應該是沒有抓到賊。

一人賺錢養好幾家人

父親很戀親戚。

有好吃的東西，不會一個人吃，都分給大家一起吃。自己的孩子就不用講了，還要把住在前庭後院的親戚都招呼來，各分一點。

我奶奶的兩個乾女兒出嫁，我父親從北京郵寄來毛毯、瓷器給她們當嫁妝。

有次有個江西的學生回老家，問我父親需要代購些什麼土特產。我父親說：幫我買十套茶具吧，一套茶具一個茶盤四個茶杯，我送給親戚用。

三舅陳醉石去世時，兩個兒子啟光、啟文尚年幼，後來是我父親把他們帶到北京，資助他們讀書。陳啟光很會花錢，有次打電話來又要錢，我父親說，手頭沒有這麼多現錢，遲點可以不？陳啟光摔下電話，我父親知道他生氣了。寫信給我奶奶時，讓她不要和三舅媽講這個事，否則三舅媽會不開心。這封信我看到過。

三舅陳醉石不僅對我父親很疼愛，而且我母親生大哥時得了怪病，胡言亂語，不能行走，是陳醉石醫好了她的病，所以我父親很感恩，以此作為回報。

我的表姨父蔣育平後來也搬來和我奶奶住在一塊，生活上都是我父親照顧。

我父親是一個人賺錢養好幾家人，很辛苦，常入不敷出。

心很軟

不單單關照親戚，父親對其他人也很有愛心。

有位朋友到家裡向他借錢。我父親請他吃飯喝酒，開導他要節儉，還借錢給他。後來，我們要回老家，這位朋友到車站送別，臨走跪下來向我父親道謝。

路上碰到乞丐，父親都會掏出錢給他們。如果乞丐是老頭、老太太，還會多給一點。

有一次，我們坐黃包車，碰到一個小乞丐，非常可憐。我父親身上沒有零錢，向車夫借了零錢給這個小乞丐。

對學生更是當自己人看待。有位四川姓葉的學生家境貧寒，我父親就請他謄抄書稿，付以工資，以此資助。徐英、敖世英常來我家，就像走親戚一樣。

別看我父親脾氣不好，其實心很軟，見不得人家落淚。家裡有個工人，辦砸事情，我父親發了脾氣，並扣了他工錢。過幾天，那工人哭哭啼啼找我父親，說家裡如何如何揭不開鍋，我父親就心軟了，不但補了工錢，還多給了些零錢。

教我讀書送我字

我兩歲的時候，父親就帶我出門了。他兩次在北京大學任教以及後來在西北農林專科學校教書時，我都在他身邊，因此我認識那些來過我們家的劉師培、黃侃、辛樹幟等教授。

在北京的時候，我因為站在大門口看表兄弟騎自行車，被父親發現，說女孩子不能這樣站在門口，不成體統，責備了我一頓；還買了本《教女遺規》讓我讀，逐字逐句教我唸了第一篇班昭的〈女誡〉。後來讓我自己讀，不認識字再問他。

我認字不多，只跟程石仙先生學過一段時間。在陝西時，當地要辦一個女子學校。我讓我父親替我報名。我父親寫信告訴我奶奶這件事，奶奶回信說，聽說去女子學校讀書要剪辮子，問有沒有剪了辮子。為了讓奶奶放心，父親帶我去照相館拍了張梳著辮子的照片寄給奶奶。遺憾的是，這個女子學校沒有辦成。

我十五歲生日時，父親為我寫過一幅字，但嫌寫得不好，丟到紙簍裡，我偷偷撿回來，珍藏至今。這幅字是用隸書寫的，上書：

從遊曾閱路三千，墮地今方十五年。
末學也知憐弱弟，犯顏偏詡得眞傳。
挺身捍寇關性情，侍疾調糜廢食眠。
歸里又勤蠶織務，春深花發各欣然。

守瑜生日感書鐸叟

遭遇西安事變

父親從北京大學辭職後，一九三六年八月，經于右任推薦，往陝西西北農林專科學校任教。這個學校在武功，比較偏僻，商業欠發達。我們常去西安買東西。

那年年底，我們到西安置辦年貨，卻碰到西安事變。東北軍的官兵到旅館搜查，從我父親的行李中翻出「中央大學」的校徽，被官兵誤認為是中央政府派來的奸細因而遭到扣押。我父親再三解釋自己是教書的卻也無濟於事。我父親說，西安碑林有位負責人馬文弼是我的老朋友，你們可以問問他我的底細。但那當兵的說，你既然認識馬先生，你就打電話給他。可我父親和馬先生長久沒有聯絡，不知道他的電話。場面一直僵著。快到傍晚時，來了一位軍官，見到我父親就叫「林先生」。原來這位軍官曾在東北大學讀書，是我父親的學生。這樣，他們才放了我們一家。

注重儀表

父親很注重儀表，平時穿戴整齊筆直，大熱天從不裸露臂膀，有客人來，還要把捲著的袖子放下。鞋子從來不拖著，睡覺醒來下床就要穿好鞋。

他很愛惜自己的鬍鬚，常對著鏡子打理，並念叨：「身體髮膚，受之父母，不敢毀傷，孝之始也。」

父親常教導我們吃有吃相，坐有坐相。坐，雙腳平放，不能蹺二郎腿；吃飯，不能捧著碗，筷子要拿直；走路，腳跟要落地，不可踮起腳；書拿在手上，不可折，更不能用筆在書上畫；書放桌上，要放平。

他的書房很整齊。筆墨紙硯，各就各位。每次寫好字，都會馬上整理好筆架、墨海。這些書房物品，可惜「文革」的時候都被抄走了。他的書櫥，後來我妹妹捐獻給瑞安市圖書館了。

父親喜歡買書。在北京，最愛逛琉璃廠。離開北京時，裝了七大箱書運回家。

喜歡喝酒

父親生活方面很節儉，唯一嗜好就是喝酒。經濟拮据，喝劣質酒。他的同事勸他，你不要命了呀，喝這麼差的酒。只有回到老家，才喝上我奶奶釀的好酒。

有一次吃飯，他和我說起一個關於喝酒的笑話。有位窮書生，沒有錢買酒喝，就吃酒糟餅，吃得臉紅彤彤。人家知道他嗜酒且窮，戲問他今天吃酒了沒有，吃了幾杯。窮書生回答，吃了兩個。酒哪有論個的？一看就是吃不起酒，只好吃酒糟餅了。窮書生說漏了嘴。我父親講這個故事的意思大概是，我雖然也是窮書生，但能買得起酒，不至於差得吃酒糟餅。

他喜歡吃魚，不喜歡吃雞鴨，白魚、黃魚、帶魚都喜歡。下酒菜，一般都是花生米或者炒黃豆。

看戲也流淚

父親喜歡看戲。有次，他帶我去看戲，我見他拿出手帕擦眼淚。那時候，我還小，不懂戲的內容，就問他為什麼哭。他說這齣戲是講王十朋在外地當官，夫人去世了，趕回老家祭祀。王十朋很悲傷，所以他看得動情了。還有次看《釵頭鳳》，演陸游和唐婉的故事，他也看哭了。

父親會唱京劇，偶爾也哼哼《空城計》，聲音很好，唱得也很好。在南京的時候，他的同事吳梅教授也喜歡看戲，他們經常一起去看戲。吳梅夫婦到我家做客，來了興致，就會唱上一段。吳梅唱旦角，他夫人唱淨角。

臨終之言

父親一九四〇年八月去世，只活了五十歲。他平時生病了，不願意去醫院，不信西醫，只吃中藥。最後一次，病了三個月，病情日漸加重。去世那天，上午還很清醒，讀書聲音洪亮，下午身體發熱，漸漸迷糊了。醫生來後說是患了肺炎，太遲了，沒救了。

臨終前，他和我們子女講起，幸好沒有死在外地，否則無人送終，連搬喪的人也沒有。

我父親的姨丈黃公起在奉化翔鶴關任稅務員，寧波一帶鹽民暴動時，其被誤認為是鹽務局長而慘遭殺害。我父親赴寧波親扶黃公起的靈柩回鄉。

黃公起去世的第二年，陳懷卒於北京。論輩分，陳懷和我父親同輩，是我父親的表兄；但他教過我父親讀書，我父親認他是老師。聽到這個消息，我父親非常悲痛。陳懷的兒子陳謐個子小，腳有毛病，所以也是我父親幫著辦喪事。陳謐行動不便，一路上，我父親照顧他坐車、乘船，直到瑞安。

父親一生搬喪過兩次，所以他這麼說。

父親最不放心幾個女兒的婚事，他一一交代後又對我奶奶說，我走了，妳就當我出遠門了吧。

想起次愷

本文寫於二〇一九年三月五日，收錄於《甌風》第十七集，文匯出版社二〇一九年五月版。

二〇一八年恰逢豐子愷、朱自清、鄭振鐸三名家均誕辰一百二十週年，但最受關注的莫過於豐子愷了，香港、杭州、北京、桐鄉、溫州等地相繼舉辦不同主題的紀念畫展，觀者甚眾。這與豐子愷作品的傳播程度及其雅俗共賞的特色不無關係。在眾口一詞說著豐子愷種種的讚譽聲中，腦海裡忽然閃現一九三〇年代末一位畫風酷似豐子愷的畫家——次愷。雖然他的作品曾風靡一時，連豐子愷初見時都曾「疑為自己所作」，但目前除了陳星、白傑明等豐子愷研究專家的筆下略有提及外，早已不為人所知。

一熱，一冷；一位風光，一位寂寥，令人感慨。

次愷漫畫

次愷嶄露頭角是在一九三九年。那年三、四月間，至少有謝頌羔、柯靈、陶亢德、徐調孚等四位朋友寫信給在桂林的豐子愷，向他介紹次愷的畫。豐子愷的《教師日記》記錄了相關情況。

三月二日。「得謝頌羔兄來信，言上海《申報》常刊漫畫，不僅署名『次愷』，其畫與字皆酷似我，甚於慧和。不知此人是否吾徒。得信甚喜。摹我畫者，以前不乏其人，唯吾徒鮑慧和最得吾心，今此君似吾甚於慧和，則吾畫派中又得一有力分子，殊可喜也。」

三月四日。「得上海《文匯報》高柯靈信。贈《邊鼓集》一冊，索稿。並言上海《申報》時有署名『次愷』者投畫稿，字畫均酷肖吾筆。特剪一幅見寄。吾初見畫，亦疑為自己所作。難得此君如此恪摹，復以歉懷署名『次』愷。不知是何許人。他日有緣，當圖一見。」

四月二十五日。「得陶亢德信，附寄稿費十三元。又剪《中美日報》之〈次愷自白〉一節見示。始知次愷君乃一青年，受《護生畫集》感化而學吾畫者。」

四月二十八日。「調孚兄又附關於次愷之剪報。友人關念，千里剪寄，至可感謝。」

檢索《申報》資料庫及影印本，發現一九三九年前後署名次愷的漫畫作品有如下一些：〈請君入甕〉、〈捷訊隨年至，軍運似歲新〉、〈七年前的老疤〉、〈題近視眼：磨拳頓覺蜻蜓弱，掌血淋漓始見釘〉、〈冬天的衛生〉、〈你有橡皮條，我有絲線捲。我的拉深長，你的就要斷〉、〈福相〉、〈冷天的遊戲〉、〈兒童節記事〉、〈將來的大樹〉、〈夥計也該注意孩子們一下〉、〈不衛生〉、〈小妹妹投稿〉、〈軍旅聞捷音，開往前方去。回視舊防籬，遠在深山處〉、〈山多宜久戰，地闊耐長征。勝利誰能得，昭同白日明〉、〈老丈攜孫兒，步向營前憩。痛陳淪陷悲，感激且流涕〉、〈馬上戎裝女，仙姿美似花。若非打勝戰，切勿早還家〉、〈暫別家鄉去，將隨勝利來〉、〈馬路上的茶攤〉、〈求衣乎，求食乎〉等二十幅。

此後，《申報》似無再登載次愷漫畫。

同時期，還有一些報刊刊發過次愷漫畫，如陶亢德寄給豐子愷的那份《中美日報》上，僅一九三九年上半年就有〈痰中全細菌，痰乾細菌飛。隨風送入鼻，為害不輕微〉、〈時行日光浴，勝食魚肝油〉、〈砂眼乃小粒，增多損目明。公巾勿入目，手指勿摩睛〉、〈修剪畢，任教耳中扒，鼓膜凌傷還不計，毛球頂上菌如麻，老海亦堪嗟——調寄望江南〉、〈米殼含「生素」，能防「腳氣」生。誰云吃白米，惜物豈虛名〉。再如《戰

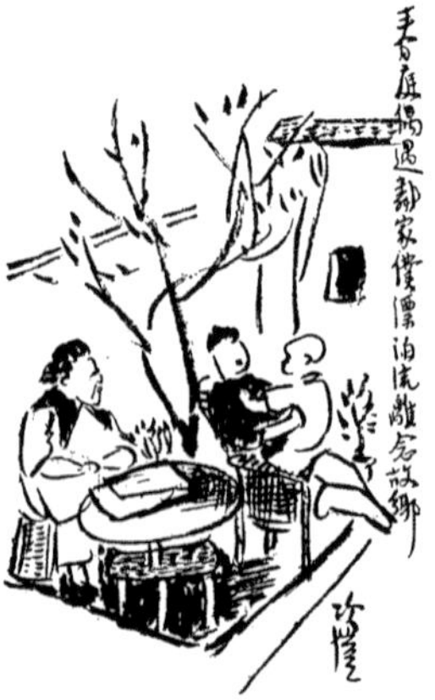

次愷漫畫〈春庭偶遇鄰家僕〉

次愷漫畫〈福相〉

時中學生》刊有〈戰時中學生的責任〉、〈校門口看見的父子〉、〈春庭偶過鄰家僕，漂泊流離念故鄉〉、〈不惜時間久，何妨戰線長。中華勝利日，整隊返家鄉〉。

據目前的資料來看，最早發表次愷漫畫的則是胡山源辦的《紅茶》，一九三八年刊有〈道同志異〉、〈女孩最怕是剃頭〉，一九三九年刊有〈人比黃花瘦〉、〈窮人的天空〉。

次愷漫畫與豐子愷的創作風格有多接近，一看便可知，毋庸多費口舌。不僅題材與線條相似，而且畫外之音異曲同工。豐子愷漫畫為人喜聞樂見，因此引來諸多學習者、效仿者，陳星在《豐子愷漫畫研究》羅列了華君武、畢克官、鮑慧和、次愷、史鐸、胡治均、豐一吟、莊因、陳一金等人。其中，鮑慧和三〇年代初拜豐子愷為師，並在豐子愷指導下進入上海美專接受專業訓練。一九三五年起，鮑慧和漫畫作品陸續發表在《太白》、《宇宙風》、《時事新報》等報刊上，豐子愷曾說「其畫之似吾筆，乃出於自然，非普通模仿皮毛之可比」。但自見了次愷漫畫後，豐子愷好像更為欣賞，在〈漫畫概說〉一講指出：「吾國今日亦盛行漫畫，亦皆西

次愷漫畫〈夥計也該注意孩子們一下〉

洋 punch 之漫畫，唯趙望雲有中國風，次愷學吾筆意頗得真似。能充實是內容，則不難養成『中國』漫畫家也。」

次愷是誰

一九三九年三月二十四日，《文匯報》刊出了豐子愷給柯靈的回信，其中提到「《申報》有畫署『次愷』者，弟亦聞之，但未識其人」。（此信見於《豐子愷全集》，落款二月二十八日，如是回覆三月四日日記所提之信，疑為農曆一月二十八、西曆三月十八日）

當事人的回覆，為「次愷是誰」的話題起了推波助瀾的作用。一九三九年三月三十一日，有一位署名一鳴的知情者在《中美日報》第八版率先透露了次愷的底細，這則消息沒有標題，是「文藝報導」題下的一則——「豐子愷近致函滬友，道及關於最近《申報．自由談》畫署具名『次愷』者，豐氏自言未識其人。按次愷君原名李毓鏞，係浙江永嘉人，現年二十五歲，浙江省立溫中畢業，現肄業於上海東吳大學。此君生平，寡言笑，嗜吟詠，不好修飾，布褂樸素，有『子愷』風，除研究理科及兒童教育外，著有《葉》一書，參述關於植物學『葉』的構造甚詳。並喜寫作漫畫，筆法與子愷酷肖，因以『汃愷』自名，其作品常可散見上海《申報》、《學校新聞》、《紅茶》、《大眾青年》、《小朋友》諸刊」。

汃愷見之，寫了篇回應文章〈汃愷自白〉，刊於四月二日《中美日報》：「三月三十一日見一鳴先生對鄙人之介紹甚感，其中有數處略有出入，因為更正。按，鄙人為瑞安人，生於一九一九年十二月，現年十九歲。十餘歲時見《申報》載子愷公〈護生漫畫〉，因戒食雞鴨牛肉之類，並致力習公畫，乃以『汃愷』自名。作品初在商務之《兒童世界》發表，有〈談談鳥類〉（一九三四年）、〈蝸牛〉、〈貓〉等十餘篇，最近並為《戰時中學生》寫〈生物講座〉及民眾教育之雜文，所著除《葉》外，尚有《小公民詩畫》一集，所歸入《好朋友叢書》第二種。」陶亢德寄給豐子愷的剪報正是這則短文。

一九三九年四月，浙江省戰時作者協會編輯出版的《作者通訊》第二期刊發了一段署名魯明，題為〈無題〉的補白介紹了汃愷其人，但其文顯然是抄錄一鳴的文章，且沒有根據〈汃愷自白〉改正。一九八七年，上海社科院潘頌德在翻閱《作者通訊》時發現這篇報導，轉錄刊登在當年第四期《杭州師範學院學報》上。陳星《豐子愷漫畫研究》及《豐子愷全集》在考證汃愷其人時均採信此份資料，亦均未依〈汃愷自白〉作修訂。

另外，一九三九年五月十五日出版的《浙江戰時教育文化》上，也以〈豐子愷與汃愷〉為題轉載了一鳴的文章。

關於次愷是誰，一鳴的文章及〈次愷自白〉淺嘗而止，刊發在一九三九年七月十六日第十期《宇宙風》（乙刊）上的〈子愷與次愷〉則相對解渴。作者余柳也是一位不到二十歲的大學生，敬仰豐子愷漫畫，愛屋及烏，看到報刊上發表的次愷漫畫亦甚喜歡，並偶爾相識。在余柳眼中，次愷是一個「和平、慈愛、勤苦、好學，有很高藝術天才的年輕人」，不善談話，「衣飾儉樸，有點不修邊幅，但保持著可親的態度，使我覺得他有前途，有成為『子愷第二』的資格」。次愷和余柳曾談起學畫經過：十一、二歲時，他的叔叔李禹功還在中學讀書，聽聞子愷漫畫盛行，便到溫州買了一本《子愷漫畫》。他拿來過翻看，印象深刻。過了一、兩年，《申報》刊登《護生畫集》，受影響戒食雞鴨魚之類。後來，父母稱讚豐子愷的畫，他才決定臨摹，字畫並進。初中畢業時已學得相當像了。到了一九三七、三八年間，在假期作畫送人，正式署名次愷。「其意有三：（一）『次愷』者『次』於子『愷』先生也。（二）『次』字英文為 TS 起首，二字縮寫仍為 TK。（三）『次愷』之『次』字可寫成與子愷先生英文縮寫式相似也。」次愷深信自己與豐子愷有緣，豐子愷因讀師範而得成就，豐師範畢業之年即他之生年，而且「子愷先生之先生姓李（弘一法師），子愷先生之學生有姓李（次愷姓李名毓鏞），根據『門得列夫週期律』，很有理由：李→豐→李，並可推知我還會有一學生亦姓豐」。儘管如此，次愷說絲毫未有「吃豐子愷飯」的念頭，「乃覺次愷二字實不敢當，而畫漸有與先生不像之趨勢」，所以案頭擺著豐子愷的畫與弘一法師的字，隨時觀摩。余柳希望有一天次愷與豐子愷能見面。「如果次愷要跪下拜子愷為師的話，亦不妨讓子愷親自當面答禮。」

豐子愷的一封信

豐子愷在日記上透露了「他日有緣，當圖一見」次愷的願望，然據豐一吟回憶，他們並未謀面。但據李毓鏞在《科學趣味》雜誌開設的專欄「生物故事」，可知他們是有書信往來的。這封信從一九四一年第四卷第一期起至一九四一年第五卷第六期，一直作為該專欄的題圖，似未見人提及，《豐子愷全集》亦失收。信不長，但因壓了「生物故事」四字，故有數字不易辨認，姑錄如下：

毓鏞仁弟：

賀片及一月十二信皆收到，□日隨校遷，只得俟之將來也。「生物故事」用「美術故事」人名，甚好。

餘後述，順詢近佳。

三月三日，子愷頓首。

「生物故事」專欄開篇有編者按語，可與此信印證。

告新讀者：

主角柳逢春是縣立中學秋季一年級的學生。她的父親、舅父和小學裡的美術教師都是素養很深的美術家。生長在這樣優美的環境裡，她對於美術就大感興趣。在中學裡和美術女教師秦先生很親近，增長了不少的知識。可是又（有）一次因爲頑皮的男同學在牆上畫了大鼻頭訓育主任的像，訓育主任錯怪了秦先生，兩人就有了嫌隙。這裡就是學期修了的情形，以前的故事非常有趣，要知詳情，請讀豐子愷先生的《少年美術故事》，開明版。

「生物故事」專欄持續了一年，共十二篇，不僅借用了《少年美術故事》中主角的名字，而且延續了豐子愷的寫作手法。

李毓鏞生平

檢索一九四〇年之後的報刊，似乎難尋次愷漫畫的蹤跡，印證了次愷沒有「吃豐子愷飯」的念頭。正如余柳文中所談：「我敬佩次愷先生者，為其克苦勤習乃為藝術。藝術不是生意，不是商業，自然也不能以市儈眼光看他。如果他是市儈，那末他們兩人應當視如惡人；但事實上他是純潔的藝術青年，子愷先生也是市儈，子愷先生是高尚的藝術家（同時其靈性修養亦極深）；只有在藝壇上，高低呼應，前後牽連。」

儘管如此，對於次愷如曇花一現，終究沒有成為「子愷第二」，還是令人納悶。或許回到次愷本尊李毓鏞的生平，會有所理解。

李毓鏞出身瑞安書香門第。祖父李芑，字叔誠，善詩文、精醫術，曾任浙江省議會議員，著有《澹廬詩鈔》、《東甌本草》等。父親李翹，字孟楚，曾任中山大學、安徽大學、河南大學教授，著有《屈宋方言考》、《老子古注》等。李孟楚晚年曾對王超六談

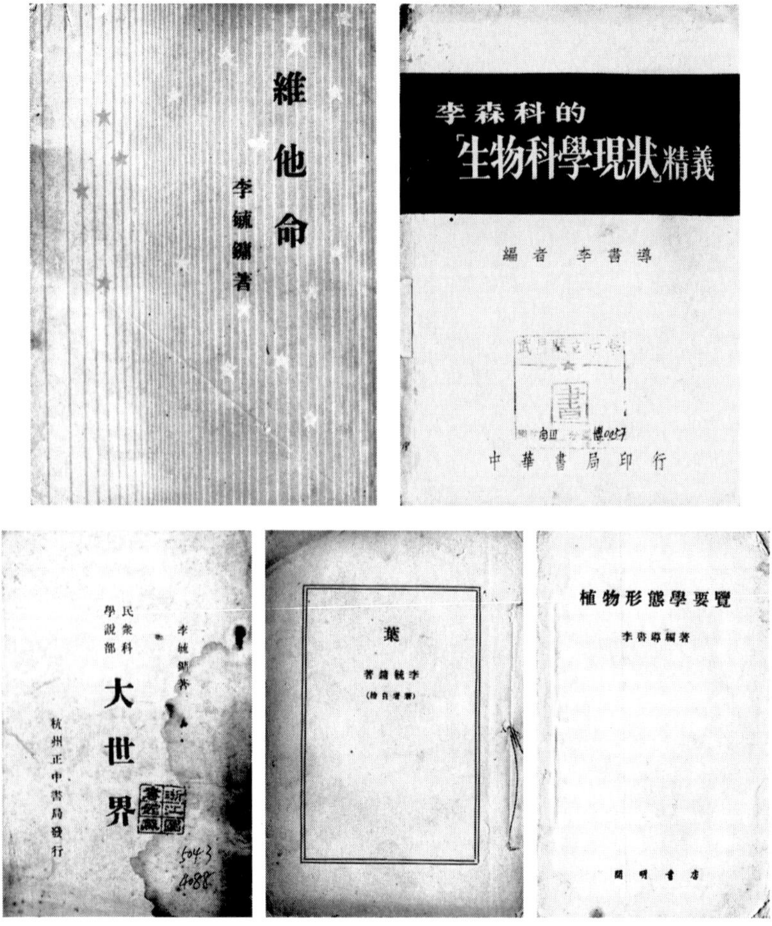

部分李毓鏞譯著圖書書影

起，毓鏞之畫署名次愷，在輩分上言是犯上的，豐子愷是他二舅父洪彥遠在杭州兩級師範學任教時的學生。李毓鏞提到的叔叔李禹功名羽，是李芑四子，畢業於上海美專，乃劉海粟弟子，抗戰期間參加過瑞安青年抗日救國服務團，創作漫畫宣傳抗日救國。

李毓鏞少年時就表現優異，一九三二年瑞安舉辦高小畢業生會考，得甲等第一名。黃鴻森〈感念三位啟蒙恩師〉一文提到他與李毓鏞同就讀於瑞安西南小學，說李毓鏞從小就識得許多草木蟲魚，教會了他認識含羞草、蒲公英、文竹等植物，是他至今仍然敬佩的同窗。當時瑞安縣長孫熙鼎是科甲出身，所以在縣裡舉辦全縣高小畢業生會考，考試科目有國語、算術、歷史、地理、自然等。結果李毓鏞列榜首，黃鴻森中甲等第四名。校長非常高興，獎李毓鏞一個銀樓訂製、刻了字的銀盾，獎黃鴻森一套茶具。

小學畢業後，李毓鏞為瑞安縣初級中學錄取，後來升入溫州中學讀高中。一九三四年春，李毓鏞與徐賢議等三十六人加入了溫州中學高中部組織的自然科學研究會。該會辦有《自然科學》雜誌，在當年三月出版的第二期上有李毓鏞撰寫的〈本校鄉土博物館自然標誌目錄〉。這比〈次愷自白〉提到的在《兒童世界》上刊登的〈談談鳥類〉要早半年，可能是李毓鏞最早發表的文章。一九三五年，李毓鏞在《兒童科學雜誌》第二卷第一期發表〈蝙蝠〉。在溫州中學學生自治會編輯、一九三六年一月十五日出版的《明天》

第六期上，也找到李毓鏞的兩篇文章〈蜘蛛〉、〈蚯蚓〉。那期編輯是馬驊，他在〈編輯後記〉評論：「李毓鏞君的兩篇科學小品，雖然沒有達到能解說社會現象或暗示社會的黑影的地步，但是也還不至於看了使人討厭。」一九三七年，李毓鏞成為另一本學生會刊物《新路》的編輯委員，並在該雜誌第二期發表了〈水裡的植物〉、〈動物雜話〉兩文。

一九三八年秋，李毓鏞從溫州中學畢業，考入東吳大學，科系是生物學。從這時期開始到一九四九年，李毓鏞的各類科普文章四處開花，在《申報》、《科學畫報》、《戰時中學生》、《科學趣味》、《科學大眾》、《青年界》、《宇宙風》、《文心》、《知識與趣味》、《家庭年刊》、《醫文》、《健康家庭》、《中華健康雜誌》、《中學生活》、《求真雜誌》、《田家》、《世界文化》、《前線日報》、《新聞報》等報刊上，談植物、動物、生物、教育、健康等方面的知識，許多文章還都是他自己配圖。

李毓鏞涉獵頗廣，不僅繪畫有專長，科學方面知識豐富，而且還關注香菸畫片收藏及當時的兒童報刊出版等，撰寫有〈譚十餘年來的香菸畫片〉、〈半年來上海之兒童雜誌〉、〈談談學校刊物〉這樣的文章。對鄉土文化非常熱情，先後發表在《申報》、《戲曲月刊》上的〈在淘汰中的亂彈戲〉、〈溫州亂彈之記載〉兩文，後來均收錄到《浙江戲曲史料彙編》，引發探討。李子敏在《甌劇史》一書中認為李毓鏞所云「亂彈乃為溫州土產之曲」並不成立，缺乏佐證，「『源』與『流』切不可想當然而簡單從事」。

李毓鏞還曾為王孝通《票據法精義》做過書籍設計，一九三九年八月該書由王孝通律師會計師事務所出版發行時，《申報》上的廣告特別註明「次愷裝幀」，由此可以想見當時他畫名之盛。

李毓鏞的專著，目前可找到三種。一是《大世界》，杭州正中書局一九三九年八月初版。是書以小說格式，將自然界一切普通事物之理加以穿插，供普通人士及民眾學校師生參考。二是《葉》，山城書店一九四〇年一月一日初版。從書的落款可知，一九三六年十月他尚在溫州中學讀書時就已寫成初稿，一九三七年五月修訂，一九三八年八月再修訂於上海。書中插圖均乃李毓鏞自繪。三是《維他命》，開明書店一九四九年四月初版，一九五〇年四月再版。〈次愷自白〉所提〈小公民詩畫〉，似只刊登在《好朋友》雜誌內，未單獨出版。

怪人

胡山源是最早發現李毓鏞繪畫才能的編輯之一，一九七四年十一月曾寫過一篇回憶李毓鏞的文章。正是胡山源的文章，挖掘了另一個李毓鏞。

胡文說，李毓鏞是「怪人」，生活習慣和一般人不太一樣。例如，似乎從來不梳頭、洗澡，「囚首喪面」的模樣；自己做飯，不淘米，怕損失「維他命」；喜歡和他人爭辯；不想結婚。但他知道李毓鏞多才多藝，對他「另眼看待」，力所能及幫他發表畫作。「他的本行是生物，不能不承認他有真知灼見，我有許多植物知識都是從他那裡聽來的。」李毓鏞一時生活無著，胡就請他到集英小學任教。可師生並不了解李毓鏞的才氣，更不理解其個性，李毓鏞沒有能教下去，也就不教了。

胡文還說，李毓鏞曾譯過一本《與原子打交道》，由他介紹到世界書局出版。但筆者查了許久，各大圖書館資料庫和舊書網都沒有找到《與原子打交道》這本書，只發現有本差不多書名的《跟原子打交道》，譯者非李毓鏞，而是李書導，出版社亦非世界書局，而是開明書店。

開著窗戶的那間，是次愷住過的房間（陸勇攝）

李書導是否就是李毓鏞呢？汪家熔〈商務印書館的老檔案及其出版品〉一文為了證明商務檔案制度的嚴密，幾十年如一日堅持執行，曾舉李書導為例。該文說，李書導一九四一年開始要求商務出版他寫的《植物形態學大綱》，因為水準不夠被編輯部拒絕，後來改書名「植物生理學大綱」、「植物生理學綱目」，改署名李毓鏞、李元龍，也被婉拒。一九五〇年八月二十五日，李書導便在上海《文匯報》刊登廣告，指責商務印書館出版的《世界通史》、《有機化學》兩書錯誤百出。兩天後，商務印書館也在《文匯報》刊登反駁文章，依據一九四一年以來的十年來往書信和相關檔案，羅列李氏與商務之糾纏，其中不乏「此怨此仇，志在必報」之類的威脅，指出為此事出資刊登廣告，非善意批評。《世界通史》作者周谷城亦撰文反駁，云所有批評都是批評者連原文都未讀懂所致。

汪文並未明確李書導與李毓鏞的關係。找來這兩份《文匯報》一看，〈商務印書館聲明〉開頭就有一句：「李書導有時署名李毓鏞，有時又叫李元龍……」李書導即李毓鏞無疑。除汪文所舉之外，聲明還提到，一九五〇年四月十日，他們收到了人民法院的傳票，李書導因為商務不出版他的那本植物學書稿，在法院起訴，但開庭那天，他自己沒有出席。法院明白緣由後，打消了案件。

原來李毓鏞還有這麼一「怪」。這又讓我聯想起《申報》一九四一年一月十日的一則尋人啟事，標題醒目，「李毓鏞（次愷）侄覽」，「汝現寓何處，希速告知」云云，落款王李叡聰。雖然不知道其中發生了什麼，但似乎又是李毓鏞的一「怪」。

李毓鏞如此執著於一部書稿的出版，或許有為生存計之苦衷。胡山源說過，《跟原子打交道》出版，「所得稿費夠他吃上許多時」。

當年《維他命》出版時，李毓鏞曾送給研究醫學史的朋友范行准，題云：「我在十年前曾想步行准兄的後塵，做一點學術的工作，但走了一程就走不下去了，眼看到行准兄為巫醫一事就寫了幾十萬字的魄力，不禁嘆為人間的奇蹟。一九四九年七月三日於李氏製稿實驗工廠。」「實驗工廠」為「製稿」而非他的生物研究，幾多無奈。

李毓鏞以李書導之名曾在《中華教育界》、《科學畫報》發表文章，又有以下署名李書導專著：《李森科的「生物科學現狀」精義》，中華書局一九五〇年八月初版；《植物形態學大綱》一稿後改名《植物形態學要覽》，開明書店一九五二年四月初版；譯作《跟原子打交道》，開明書店一九五三年三月第一版，中國青年出版社一九五三年九月第二版，中國青年出版社一九五四年五月第三版。

胡山源的回憶文章說，李毓鏞一直住在集英小學內。「他的寢室是一個二樓到三樓的拐角處，一天到晚關閉著，誰也沒有見過其內容。」
據說，李毓鏞七〇年代故於上海愚園路集英小學的這間房子裡，年分不詳。

附記：

本文又刊於《澎湃新聞・藝術評論》二〇一九年五月二十八日，編輯改題爲〈豐子愷初見曾「疑爲自己所作」的次愷漫畫〉。滬上陸勇先生自小住在愚園路同安邨，少年時代見過次愷。他讀了拙文後，特走訪老鄰居，撰文刊於《澎湃新聞・藝術評論》二〇一九年六月八日，編輯取題爲〈漫畫家次愷的同安邨舊事：孤寂沉淪，曾訪傅雷〉，作爲回音。

陸文首先介紹了胡山源的生平，云「次愷很感激胡山源，曾到集英小學拜訪他。胡山源已當不惑，次愷視爲前輩兄長，而次愷雖方弱冠，但胡山源深覺其才華橫溢，欣賞有加，故憐之如弟」。一九四七年左右，次愷居無定所，生活落魄。胡山源得知，再次邀請他到集英小學作教員。從此，次愷一直在集英小學工作，在學校二樓樓梯轉彎一間不到十平方公尺的小房間裡住了二十五年。學校裡的同事和學生都叫次愷朱先生。在上海方言裡，朱與次發音相近。

在陸先生印象中，次愷「個子不高，還有點偏矮，開始謝頂，戴著半新不舊的黑邊眼鏡，頭髮如蒿，衣冠十分儉樸，似乎不修邊幅，只有厚厚的嘴唇上淡淡的八字鬍，修剪得一絲不苟」。次愷一直單身，也沒有什麼親戚朋友來找他。次愷顯得孤傲，與同事和鄰居並不怎麼來往，「微微一揖，算是招呼，並不多語」。「他自命知識分子，對周圍凡夫俗子不屑一顧，走在弄堂裡，眼光筆直往前，神情儼然，睥睨一切。」、「除了上課，平時幾乎都縮在自己房間裡，門是一年四季都閉著，暗暗的，誰也不清楚他做什麼。」

陸文說，次愷曾和開木器行的同鄉陳先生提及去拜訪過傅雷。和次愷接近最多的，是胡山源的夫人。次愷叫她姐姐。胡夫人是票友，閒時喜歡在窗邊唱一段，次愷是唯一觀衆。「興致來時也會哼幾句，但不成腔調，或打幾下小鑼，也不到點。」曾有一位叫三珠的校工，見次愷無人照顧，幫他洗衣物、收拾房間，但她一走，次愷照例是門一關，繼續活在自己的世界。

次愷喜歡喝點小酒。「通常，他是一個人喝悶酒，天熱時，坐在樹下，他會揭開上面幾粒紐子，擼擼頭頸，靠在椅背上，享受習習涼風，望著滿天星斗，嘴裡含混不清的唸著詩詞歌賦，似乎若有所思，似乎自我逍遙，頗有魏晉之風。」後來，胡山源調走當教授去了，同鄉陳先生被送到農場改造，三珠嫁了他人。「從此，次愷徹底孤寂一人，課也很少，後來乾脆不上課了，終日以酒為伴，足不出戶。」

陸文稱，次愷約在一九七一年去世，五十二歲。「三珠代表學校來收拾他的遺物，房間裡一張床，床底兩個木箱，裡面都是書。一個小衣櫃和一張桌子。」次愷牆上掛著胡山源一九五八年離開上海時贈送的對聯：「千里錦園尋舊夢；百花開處即家鄉。」三珠拿走了，現在不知還在人間否。

二〇二一年二月二十日

尋找史美鈞

本文寫於二〇一九年十月十五日，發表於《澎湃新聞．上海書評》二〇一九年十一月二日。

讀了陳青生先生發表在《澎湃新聞・上海書評》上的〈遠去的身影：關於作家史美鈞〉一文，我才認識史美鈞。陳先生根據史美鈞的著作，推測他的故鄉「應在永嘉即今溫州地區西部或麗水地區西南部接近福建的某處」，我更是聞所未聞。如果史美鈞是溫州人，那對他研究的缺失是溫州現代文學史上一個遺憾，因為此前當地相關研究從未提及這位民國作家。

從陳青生先生的文章來看，史美鈞與溫州深有交集是無疑的。而且，我去溫州市圖書館查閱史美鈞的著作，發現其中《魚躍集》標籤上寫有「史美鈞先生惠贈」字樣。陳文轉發到微信平臺後，《溫州老照片》執行主編黃瑞庚先生即找出他多年前在妙果寺市場買到的一張老照片，上書「史美鈞老師暨師母離溫赴滬臨別紀念，三十二年四月一日」。

史美鈞到底是不是溫州人，他又在溫州哪裡工作生活過，以及陳青生先生文章所留下的未解之謎，引發了我尋找史美鈞蹤跡的興趣。

一

我從搜索史美鈞的著作開啟此次尋找之旅。

史美鈞《衍華集》附〈本書著者重要著作簡目〉，按體裁分類列為：「《稚意集》，童話，新中國書局，二三年上海；《紆軫集》，散文，正中書局，三一年麗水；《衍華集》，散文，現代社，三七年杭州；《晦澀集》，小說，新中國書局，二四年上海；《披荊集》，小說，正中書局，三〇年麗水；《錯采集》，小說，現代社，三七年杭州；《短檠集》，論評，中國雜誌公司，二八年上海；《魚躍集》，論評，正中書局，三一年麗水」。

這八本書，我先是讀到了六本，只《稚意集》、《短檠集》尚未找到，《民國時期總書目》、《民國時期文獻聯合書目》也無見著錄。

《晦澀集》，網路上有電子版，能線上閱讀。新中國書局民國二十四年（一九三五年）九月刊行，扉頁上書「謹將此書獻給君玫追尋新婚的蹤跡，並紀念我的母親、妹妹及殘破的自己」，內收〈降〉、〈燥〉、〈蝕〉、〈零〉、〈仿〉、〈廉〉、〈庸〉、〈移〉、〈越〉、〈患〉、〈流〉、〈蕪〉十二篇，標題都是一個字，連目錄也寫成〈引〉，有特色。其中〈蕪〉

是一組詩歌，並非小說。最後有篇〈韻〉，類似作者後記，云「這一集，遭受過焚毀遺失的危運，拼湊重作而成。大約有不少缺陷，只能任其自然。也許有人批判感傷氛太濃厚了，然而我熱烈追記同類」。

《披荊集》，溫州市圖書館有藏，網路上亦有電子版。封面標杭州正中書局發行，版權頁未註出版社，只印「中華民國三十年十二月出版」，每冊定價一元三角，與上述〈本書著者重要著作簡目〉略有區別，應是抗戰期間杭州正中書局先後遷到金華、麗水、雲和出版之故。內收〈朝陽〉、〈黯雲〉、〈燎原〉、〈雨季〉、〈突圍〉、〈短兵〉、〈易簡〉、〈南北〉、〈秋獲〉、〈泡沫〉、〈呼吸〉、〈異域〉、〈迴旋〉、〈論證〉、〈蟬翼〉、〈搖落〉、〈膠結〉、〈蝸步〉十八篇，標題經營為兩字，基本標注了寫作時間。書末有〈題記〉，介紹「本集雖包含六年短篇，但憑手邊的臨時拼集，刪除一部分外，勉強所獲，淺薄異常，堆砌粗率的缺點，大概著者顛沛遭遇使然」。

《魚躍集》，溫州市圖書館有藏。杭州正中書局民國三十一年（一九四二年）四月出版發行。扉頁印有「浙江省教育廳審定，初中國文補充讀物」字樣，分為「詩歌方法論」、「小說方法論」、「日記方法論」三部分。「詩歌方法論」由〈詩歌是甚麼〉、〈分成簡單的種類〉等八篇文章組成，「小說方法論」由〈小說為甚麼發達〉、〈如何描寫人物〉

等七篇文章組成，「日記方法論」由〈裝飾呢還是實用〉、〈糾正記載的錯誤〉等九篇文章組成。最後有篇〈魚躍集總跋〉曰：「近代文學蓬勃燦爛，占有極廣泛的領域，顯成普遍現象，可是並沒有一本是能供給初中程度閱讀的手冊，本書即根據提供切要知識而產生。」

《紆軫集》，查到重慶圖書館、南京圖書館有藏，費四百元人民幣從重慶圖書館複製了一本。也是杭州正中書局民國三十一年四月出版發行。內分「籬下掇拾」、「夕陽漫步」、「獸爪縱橫」、「粲英繽紛」四輯，收錄〈斷弦〉、〈榴火〉、〈行程〉、〈山中〉等四十三篇文章，其〈後記〉云：「這一集散文整理刪削仍不免零亂而稚弱，豈僅戰時隨筆特顯其拙劣！不過尚有大部原稿迭經散秩，遺存上海的想又盡化劫灰，那麼殘缺的留下蟲蝕的痕跡，殊屬赧愧而極怕回顧！何故如此草率的忽促印行？著者原冀為喪失同情的人生綴飾一些冰雪，而未來呢？更彷彿盡有無數酸辛與愁苦等待著。」此書還有七幅木刻版畫插圖，乃洪煥椿所繪。洪是溫州瑞安人，孫詒讓的外孫，在溫州中學就讀時參加木刻研究社，與王里仁、樊祖鼎合作出版《前哨木刻集》。此書出版時，應是在洪煥椿中學畢業後進入浙江省立圖書館工作不久。

《錯采集》，網路上有電子版。現代社民國三十七年（一九四八年）三月刊行。前有一幀作者二十四歲時在上海所攝照片及〈有贈〉歌譜，內收〈女兒的憧憬〉、〈寒蟬曲〉、〈斯人憔悴〉、〈豆萁吟〉、〈窮城記〉、〈里程之憶〉、〈晚宴〉、〈樊籠〉、〈絲襪〉、〈萬世長夜〉十篇小說。其中〈窮城記〉以溫州為背景，寫了一個名叫鮑洪元商人的故事。小說開頭描寫主角「打牌，喝酒，沒有什麼別的去處，逗留永嘉規模最富的公園飯店裡業經有幾天。這天傍晚，他洗過了澡，橫臥床上看些日報，並無遊藝節目可供欣賞，起來吩咐茶役購買西瓜，獨自大嚼，遠眺窗外夕陽下的行人，裝束與氣派全和上海彷彿，歡悅的在尋覓各人的趣味……他婉戀對門那有趣的中山公園，迅即觸動遊興，穿起淡灰派力斯長衫，戴上巴拿馬草帽，一擺一擺的越過了馬路」。公園飯店就是張愛玲來尋胡蘭成時下榻之所，這與洪煥椿為《紆軫集》插圖一起印證了史美鈞與溫州有關係。

《衍華集》，網路上有電子版。現代社民國三十七年七月刊行。分上、下兩卷，上卷收〈自剖〉、〈傷逝〉、〈錮〉、〈寂寞〉等十四篇文章，下卷為〈記徐志摩〉、〈記王獨清〉等十篇評論。〈前辭〉介紹「本集的編排，頗有勉強淆雜之嫌，原為散文及批評各一集，因付印不易，故而各刪除五分之二，併成簡編。例如上卷所剔去的是近二十篇遊記，下卷文長不錄的是〈中國新詩概觀〉、〈中國譯詩概觀〉等，捨棄全部附注，削足之苦，以何似之?何況上卷寫作期係三年前，下卷卻全為戰前應文學雜誌之約所作，如臧的泥土的歌、卞的十年詩草已難論列，更顯窳薄遺珠之感，而我相信啟筆的整肅，仍無二致」。

除此八本之外，陳青生先生文章提到一本《怎樣習作文藝》，中國圖書雜誌公司民國二十九年（一九四〇年）三月印行，上海圖書館、廣東中山圖書館有藏，我沒有見到原書，但據介紹此書「以青少年為對象，分別論述詩歌、小說、日記的定義、取材、描寫等問題」，顯然與《魚躍集》是同一內容。我還從舊書網買到一本《文藝習作初步》，現代知識刊行社民國二十八年（一九三九年）二月印行，與《魚躍集》內容也相同。不過多了〈前言〉，說「引用的例證（不加人名的係拙作），都是活潑、新穎，而意味深長，切合現實生活」。這是值得注意的。還有篇查猛濟序，也是《魚躍集》所無。查序稱讚「這本書的特色，就是能用淺顯的文筆來介紹文學上必需的常識和理論，初中學生得到了這書的幫助，可以省看許多像《文學概論》、《文章作法》、《文藝思潮》、《文藝批評》……這類的書；就是有興趣再進一步而研究這類的名著，也可從這冊書得到一條平坦的路徑」。扉頁上「初中國文基本的補充讀物，一般學生實驗的參考資料」兩行字與《魚躍集》略有區別，最後〈附言〉與〈魚躍集總跋〉亦有不同之處。按出版時間來看，這三本書的底本應是《文藝習作初步》。無獨有偶。樂清作家陳適的《中學生作文正誤》、《作文三步》、《青年作文讀者》，也是同一內容換了三個書名在萬葉書店出版了三次。

另外，我查到史美鈞還有一本《世界某種事件》，中國人民大學圖書館、浙江圖書館有藏，網路上可讀到部分章節。新中國書局民國二十三年（一九三四年）十月印行，扉頁印有「少年文學，童話集」，內收〈珍珠與杉樹〉、〈銅片馬〉、〈一個奇特的生物〉、〈紅菊的朋友〉等二十四篇文章，以其中一篇篇名作為書名。其〈前引〉云：「也許自己的生活過於不幸，少年時起，常有著慘痛的懷想，因之，這裡所表現的，全是血和淚。對讀者不會無一些意義吧？僅微薄一卷，竟積壓了多年——遭際困蹇，恰如我的生命，茫茫牽頭，且留個小小的紀念。」這使我想起史美鈞在《衍華集》提到了《稚意集》一些資訊：「此時驚悸寡歡之情，流溢字裡行間，最先出版的拙著《稚意集》前引有言：『少年時起，常有著慘痛的懷想』即為明證。」、「民國二十三年十月，拙著兒童文學結集《稚意集》經過艱苦歷程而問世，亦為新中國版，至今看來，這第一本出版物，我似乎還不認為拙劣，為了我曾精審下筆之故。」從〈前引〉內容及出版時間看，《世界某種事件》即《稚意集》。《稚意集》出版時可能並沒有用《稚意集》這個書名，而是改用了

《世界某種事件》。至於《衍華集》所附〈本書著者重要著作簡目〉用了《稚意集》，或是為了編排統一美觀，均三字書名，或是史美鈞心之所向而已。

如此不厭其煩羅列一番，史美鈞已出版著作有十一本，忽略書名的話，實際只八種，按我的推斷，已找到了七種，《短檠集》尚不清楚內容。

《青年界》一九三五年第八卷第三號所刊《北新書局新書月報》第四號有篇〈最近文壇一瞥〉，其中一段提到「史美鈞作有《現代中國詩歌小史》已交商務印刷，列為百科小叢書之一」。但查幾家大圖書館館藏目錄及《商務印書館圖書目錄（一八九七——一九四九）》均無著錄，大概是沒有印成。〈記徐志摩〉等文章可能屬於這本書稿內容，後作為《衍華集》下卷部分。

二

陳青生先生的文章對史美鈞的集外文著墨不多，我覺得有必要一併介紹。

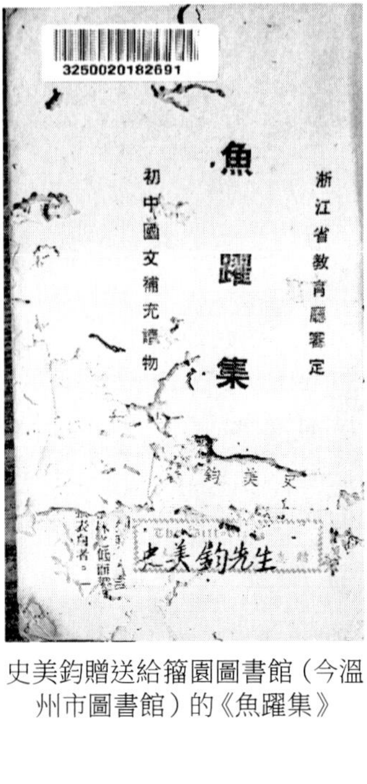

史美鈞贈送給籀園圖書館（今溫州市圖書館）的《魚躍集》

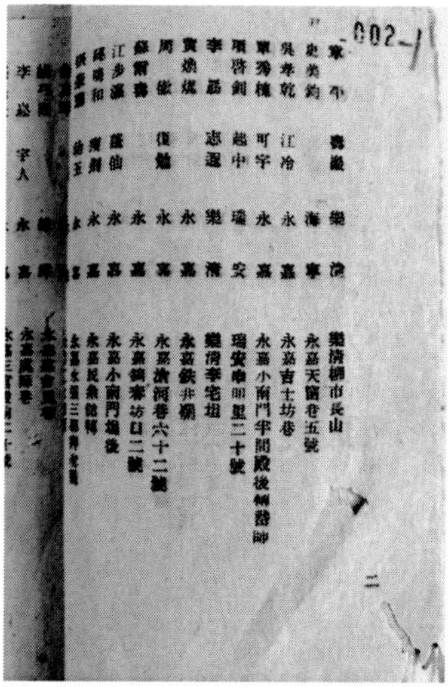

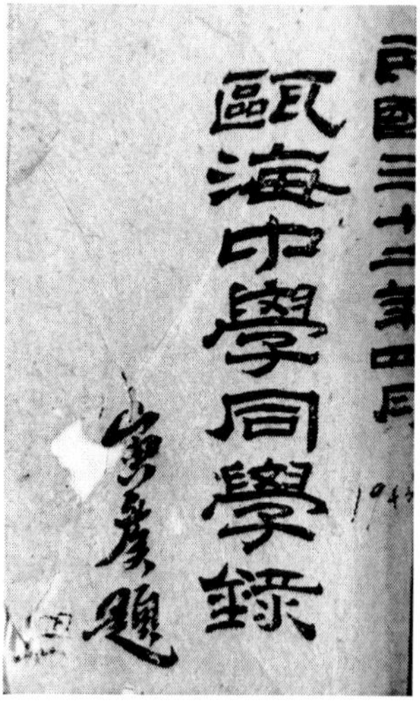

《民國三十二年四月甌海中學同學錄》上有史美鈞的名字（溫州市檔案館藏）

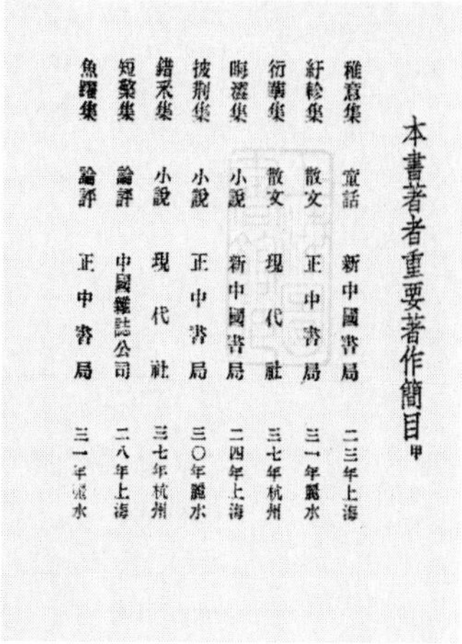
本書著者重要著作簡目 甲

稚簃集	童話	新中國書局	二三年上海
紓軫集	散文	正中書局	三一年麗水
衍華集	散文	現代社	三七年杭州
晦澀集	小說	新中國書局	二四年上海
披荊集	小說	正中書局	三〇年麗水
錯采集	小說	現代社	三七年杭州
短檠集	論評	中國雜誌公司	二八年上海
魚躍集	論評	正中書局	三一年麗水

《衍華集》及刊於其上的〈本書著者重要著作簡目〉（祝淳翔提供）

史美鈞曾在〈寫作瑣語〉一文回顧寫作歷程：「我在中學裡讀的是商業，大學時代學過教育、文學，這並不是我意志變遷，實受環境影響所致，因之，我的寫作範圍，甚為廣泛、揉雜，同時，應用筆名過多，讀者仍多陌生的感覺。距今二十多年前，我已開始練習創作，最初所著童話與小說，發表在商務的《兒童世界》、《少年雜誌》、《婦女雜誌》。民國十五、十六年，我最喜歡翻譯短篇英文故事，此時草稿雖夥，可刊出者僅占十分之一二。直至十八年春，我開始對新詩強烈愛好，舉凡近十年來的新詩集收羅近兩百餘種，除教育門功課外，廢食忘寢的研究詩歌，初期作品，頗染上西洋格律詩派的影響，附錄在後來新中國書局出版的小說《晦澀集》裡。」〈自剖〉一文又說過：「關於寫作，顯有演進突兀跡象，如十三歲抒寫病猴之死達四千字，次年所作散文〈初夏的消亡〉，共七節七萬字，十七歲著長詩〈鵑花山崖〉亦有一百七十一行之多，記敘文〈海寧的婦女〉竟近萬言，致中學時代以『大塊文章』稱謂，而我的收穫並不因數量而成功，未始非我後來崇尚簡練之源。」這不僅為我們提供了搜尋方向，而且所提到幾文均未收錄到上述八種書裡。

《文藝習作初步》引用的文章也多是史美鈞自己的作品，我翻閱了下，已備注篇名的有詩歌〈戰鼓〉、〈牧歌〉、〈雙影〉、〈蝶呵請你飛去〉、〈人類的一群〉、〈我們〉、〈細雨〉，小說〈蒼白的窗前月〉、〈另一種境遇〉、〈小小之間〉、〈這樣威武的歸來〉、〈父親〉、〈一束櫻花〉、〈陋巷〉，日記〈阿國終於滅亡了〉、〈華北走私問題〉、〈饑饉饑饉湖北的饑饉〉、

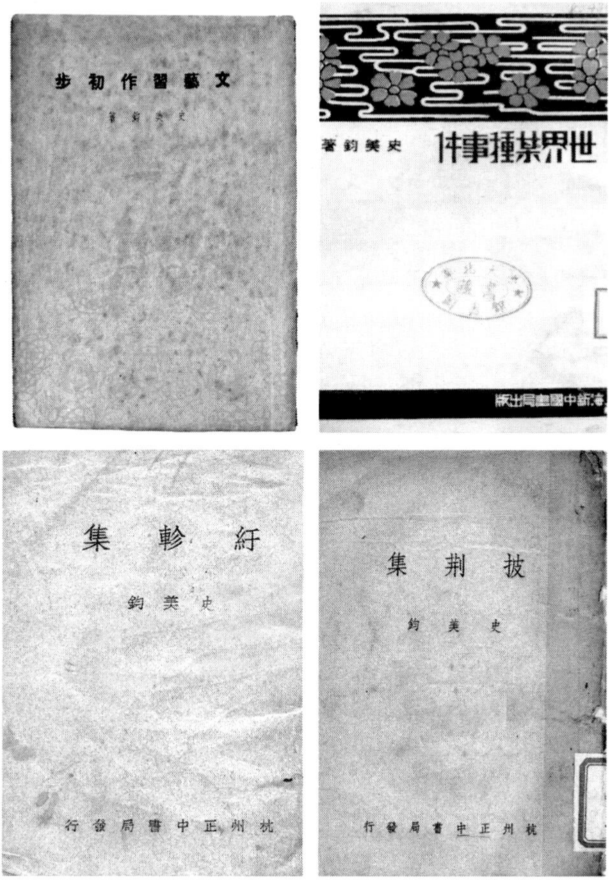

部分史美鈞著作書影

〈茫然脫離了匪窟〉、〈拒毒宣傳提燈大會〉等等。除〈小小之間〉、〈這樣威武的歸來〉兩文分別收於《世界某種事件》、《紆軫集》外，其餘皆集外篇目。

在相關資料庫檢索史美鈞，再與他已出版的著作核對，不難查到以下集外文。

小說：〈石型之淚〉（《婦女雜誌》一九二八年第十四卷第五期）、〈姐姐給他的傷慘〉（《婦女雜誌》一九二八年第十四卷第六期）、〈正似香菸繚繞中〉（《婦女雜誌》一九二八年第十五卷第二期）、〈最現實的一個女人與一個男人〉（《中華職業學校職業市市刊》一九三五年十二月第四期）。

詩歌：〈三個朋友〉（《兒童世界》一九三五年第三十四卷第三期）、〈我已有了這樣高〉（《兒童世界》一九三五年第三十四卷第四期）、〈柳〉（《兒童世界》一九三五年第三十四卷第十期）、〈變〉（《兒童世界》一九三五年第三十四卷第十二期）、〈夜夜曲〉（《中華職業學校職業市市刊》一九三五年十二月第四期）。

評論：〈浙江教育簡史〉（《浙江政治》一九四〇年第九期）、〈三民主義教育導論〉（《浙江教育》一九四〇年第二卷第九期）、〈建設新聞教育芻議〉（《浙江教育》一九四〇年第二卷第十期）、〈中國學生的使命〉（《浙江教育》一九四〇年第二卷第十期）、〈轉型期間圖書館事業〉（《浙江教育》一九四〇年第三卷第一期）、〈中國固有教學精神述評〉（《浙江教育》一九四〇年第三卷第五期）、〈文章解剖與文藝研究〉（《浙江教育》一九四〇年第二卷第十一期）、〈戲劇教育之昨日今日與明日〉（《閩政月刊》一九四一年第九卷第六期）、〈現代中國譯詩概觀〉（《勝流》一九四八年第七卷第八期）。

譯文：〈沒有太陽的世界〉（《世界文學》一九三五年第一卷第四期）。

目前可知史美鈞有個筆名叫高穆，據此查到這麼些詩文——

詩歌：〈無題〉（《文友》一九四五年第五卷第二期）、〈無題〉（《文友》一九四五年第五卷第三期）、〈夏天的夢〉（《小學生》一九四六年第一卷第十三期）、〈牧歌〉（《小學生》一九四六年第一卷第十四期）、〈失敗和成功〉（《小學生》一九四六年第二卷第五期）、〈周璿〉（《電影春秋》一九四八年第一期）、〈陳燕燕〉（《電影春秋》一九四八年第一期）、〈白光〉（《影視》一九四八年第一卷第三期）、〈路明〉（《影視》一九四八年第一卷第四期）。

散文：〈倦旅掠影錄〉（《紫羅蘭》一九四四年第十三期）、〈馬來半島的沙蓋民族〉（《大眾》一九四四年第二十四期）、〈參伍之戀〉（《現代週報》一九四五年第三卷第一期、第二期）、〈浮生續命錄〉（《大學生》一九四五年第一卷第一期）、〈平凡的惆悵〉（《香雪海》一九四九年第一卷第二期、第三期、第四期）。

評論：〈戰時教育的歧路〉（《文友》一九四四年第三卷第九期）、〈中國農村經濟陰暗面〉（《文友》一九四四年第三卷第十一期）、〈婦女職業問題新論〉（《文友》一九四四年第四卷第三期）、〈孔子哲學與中國文化〉（《政治月刊》一九四五年第九卷第四期）、〈近二十年中國新詩概觀〉（《大學生》一九四五年第一卷第二期）。

史美鈞也用過史高穆這個名字發表文章，如〈前程〉（《文友》一九四四年第三卷第七期）、〈農業金融演進之蠡測〉（《銀行週刊》一九四四年第二十八卷第四十一至四十四期合刊）。

在核對時發現，史美鈞的文章收錄到集子出版時，有不少改動了標題，正文也有調整。如〈窮城記〉原題為〈舊雨他鄉〉、〈泡沫〉原題為〈泡泡〉、〈依稀雙影〉原題為〈依稀留著動盪的雙影〉、〈里程之憶〉原題為〈前程〉、〈萬世長夜〉原題為〈亂世男女〉等等。〈記徐志摩〉與〈記王獨清〉一組原題都為〈徐志摩論〉之類。〈變〉、〈柳〉、〈三個朋友〉三詩除以原名發表在《兒童世界》外，又以高穆筆名發表於《小學生》。

史美鈞說過「應用筆名過多」，我想從檢索文章倒推出筆名，可惜無甚收穫。

三

史美鈞寫了這麼多文章，出了好幾本書，但他並不是一位成功的作家。

儘管史美鈞家境富裕，讓他有磨練寫作的「資本」；儘管史美鈞自幼體弱，多愁善感，「病態」的身心，使他具備了當作家的「特質」。史美鈞藉徐志摩〈自剖〉之名自剖：「白喉、傷寒、鼠疫、肺癆等緊急傳染病，都曾掊擊我孱弱體質。」、「人生的意義及價值極早閃擊腦神經，足有一段時間，我無法解答而迷茫。」、「最初受中國思潮與尼采、叔本華、丘淺次郎等學說的影響，空洞的夢幻支持我的思考，同時，環境日趨惡劣，柏格森（Bergson）的生命進化論卻並未使人服膺！種種失望不容細想一切，厭世唯心論否定我的前途」，「意緒消沉，步履維艱」。「少年戀情橫遭摧折，孤獨無依之際，心境更全為虛無占據。」、「年華陶醉既成絕望，未屆二十歲已多頹廢遲暮之嘆，轉而精心灌注於研究寫作，中學大學至從業，迄未間斷。」

然而，一九二八年到一九四九年二十來年間，從目前檢索到的最早和最後發表文章的時間來看，幾乎沒有什麼評論家關心他的文學創作。周瘦鵑在當期《紫羅蘭》編輯按語提到〈倦旅掠影錄〉「是不平凡的佳作」，不過客套話罷了。張若谷於一九四〇年出版的《十五年寫作經驗》雖然注意到了《怎樣習作文藝》一書，卻是藉此提高自己的經驗值。

反而史美鈞那十篇關於徐志摩、王獨清、朱湘、陳夢家、卞之琳等詩人的評論，逐漸受到重視，自一九八〇年代以來，被何鎮邦、郭婭妮等研究者提及，陳青生、潘頌德分別在《年輪：四十年代後半期的上海文學》、《中國現代新詩理論批評史》兩書中作專題討論，並收入《中國新文藝大系：一九三七——一九四九評論集》及相關詩人研究資料集。

四

史美鈞終歸是「老實」的作家。他的作品沒有長篇大論、宏大敘事，多為描寫親身經歷、所見所聞，記錄了抗戰期間上海、浙江一帶小知識分子的狀態，是很好的研究戰時社會生活的史料。從這點而言，倒是有些價值。史美鈞的作品帶有強烈的自傳色彩，其生平基本可以從他的作品中尋到蹤跡。

史美鈞是浙江海寧人，並非陳青生先生猜想的溫州、金華一帶的人。我開始也以為史美鈞的老家是在平陽、蒼南、泰順這些接近福建的地方，但後來讀了他的文章，就覺得自己判斷失誤了。史美鈞《紆軫集》收錄的文章多是寫他在八一三事變之後逃離上海一路向南的生活，首站是回到他的故鄉。「故鄉歲月，唯有頹敗與傷感，梁燕猶昨，人事全非！這高樓，那庭院，何處無我童年的蹤跡？到處蔓衍生活的烙痕。」、「雖然僅滬杭線上的小市鎮，敵於大場慘敗後，同樣的糜集大轟炸。等父親乘最後一班火車歸來，隨即決定我們由海寧過江。」（〈行程〉）《婦女雜志》一九二八年第十四卷第二號「徵求」欄中刊有史美鈞徵求過期雜誌的廣告，所附地址「硤石迪秀橋南」可能就是史府所在。史美鈞出身於殷實之家，父親在外經商，曾提到小時候就有一架中華書局鳳凰牌中型風琴，這在當時非普通人家可以消費。（〈傷逝〉）

史美鈞至少有兩位妹妹。一位是二妹，比他小兩歲，小時候曾因不讓二妹玩弄風琴起過爭吵，後來二妹夭折了。（〈傷逝〉）還有一位妹妹，不知比二妹大還是小。一九三六年秋結婚，嫁給任。妹夫應是松江人，先在大理石廠辦事，後遠走漢口謀生，因得肺結核回鄉開了彌羅照相館，兵荒馬亂中病亡。（〈斷弦〉）

史美鈞沒有進過蒙館。幼年入學，伯叔們贈送文房四寶用品外，並送給他幾本光緒年間商務印書館出版的初等小學歷史教科書、光明書局版國民讀本等，「只記得教師完全承襲前清餘緒，凶猛嚴厲，各科都要背，數年寶貴的光陰，卻養成卑儒的沒個性的心情，至今回想，真機械得半點樂趣也沒有」。後來，他家遷到都市居住，「升入較完美的高等小學」，讀的科目有公民、歷史、地理、英語、自然、衛生等。（〈啟蒙教育雜錄〉）

一九二二年，史美鈞考上中學，讀商業。畢業後，被上海持志大學錄取。《申報》一九二八年八月三十一日刊登過〈持志大學暨附屬中學錄取新生案〉，內有史美鈞為該校第二次招考錄取的大學部文科國學系試讀生。持志大學由何志楨創辦於一九二四年，校址在上海江灣路體育會西路。「整整六載男女隔閡的中學肄業，當時對於那些剛截了髮長袖短裙的女學生印象甚為依稀。」、「大學裡度過兩個寂寞年頭，徒然博得書呆子稱謂。」第五個學期開始的時候，史美鈞遇到了他的初戀。（〈錮〉）

大學畢業後，一九三三年間，史美鈞曾想在商務印書館謀一職位，託同鄉吳其昌引薦，但未成。《張元濟全集》第二卷收當年八月三日張元濟覆吳其昌函，內云：「承介紹之史美鈞君，已轉致館中主者。據稱編譯部分職員已無空額，一時又無增攬人才之機會，屬為婉達歉意。」吳其昌曾就讀於無錫國專、清華大學國學院，先後受業於唐文治、王國維、梁啟超等名師，畢業後在南開大學、清華大學、武漢大學等處任教，一九四四年英年早逝。

據《晦澀集》扉頁題詞，史美鈞與玫當在一九三五年左右結婚。新婚蜜月在杭州度過。（〈泡沫〉）

一九三五年至一九三六年間，史美鈞擔任過上海新中國書局總編輯。《中華職業學校職業市市刊》一九三五年十二月第四期刊發史美鈞詩文時，附有簡介：「史先生現任新中國書店總編輯，著作甚富，有詩集《晦澀集》等，最近在編『常識文庫』，本月間有著作在商務出版。」新中國書店應為新中國書局。創辦人為計志中，三十年初期出版過葉聖陶、施蟄存、巴金、靳以、丁玲、柯靈等人的作品。史美鈞的《晦澀集》、《世界某種事件》兩書也在該書局出版。

一九三六年四月十七日上海《社會日報》刊發〈史美鈞不知「狐騷」〉，報導史美鈞在滬期間混跡舞廳之小道消息。「曾刊行《晦澀集》、《往返集》等之文壇新人史美鈞氏，早幾年活躍一時，至今已許久不知他的蹤跡，日昨友朋間說起，原來他去年結婚以後，生活嚴肅得多了，後來便至南京某機關辦事去了。」、「聽說史美鈞的新作《問玫集》、《延佇集》將刊行了，在此略寓紀念之思，祝你努力吧，別再吟哦『黃金逐手快意盡，昨日破產今朝貧』。」云云。此文披露了史美鈞的結婚時間，曾在南京工作過一段時日，幾本書名不同於正式出版的作品集。

一九三七年七七事變時，史美鈞尚居上海虹口。八一三事變後，家人催歸。八月二十七日回籍，坐火車到松江，因道路被毀，乘大帆船轉道嘉興返鄉。（〈斷弦〉）到海寧後溯富春江而上，經富陽到場口。（〈行程〉）這樣一路向浙南方向逃難，其〈倦旅掠影錄〉詳細記載了七、八年間的漂泊生活：「最初在永康、方岩一帶，隨後即遷居麗水」，「嗣後戰事轉趨急劇，我後撤至距麗水四十里號稱浙東四大鎮之一的碧湖」。一九四二年夏，史美鈞隱居麗水縣屬大涼山畔過了數月，轉赴永嘉。「滯留數月後，因重要的事務，不得已，約伴擇期返里」。據黃瑞庚先生提供的照片，離溫時間應在一九四三年四月後。其間，一九四〇年十一月，曾從金華往江西作短暫旅行。（〈浮生續命錄〉）

〈倦旅掠影錄〉一文最後幾段對溫州當時市容、經濟、風土等描寫，資訊頗多，很有價值，此不贅述。那麼史美鈞在溫短短幾月，是在哪個學校任教？當時溫州有溫州中學、永嘉中學、甌海中學、甌北中學、浙東戰時初中、建華中學等學校，只有逐一排查。我到溫州圖書館、市檔案館數次查閱相關學校檔案及校刊、通訊錄，終於在市檔案館發現《民國三十二年四月甌海中學同學錄》上有史美鈞的名字，籍貫一欄填海寧，住址或通訊處一欄登記為永嘉天窗巷五號。證實了我讀史美鈞著作時對他出生地的猜測。史美鈞任教的甌海中學即今溫州第四中學。一九二五年五卅慘案發生後，各地掀起反帝運動，谷寅侯帶頭倡議脫離教會學校藝文學堂，收回教權，籌資建校成立甌海公學，後改名甌海中學。該校位於蛟翔巷，面朝九山湖，甌江岸邊、松臺山腳都在不遠處，風光旖旎。校門口有座八角亭，臨湖而建，原是學校圖書館，別有風致。史美鈞租住的天窗巷離學校也僅五六百公尺路程。我騎車上班幾乎每天都經過校門口和天窗巷頭，倍感親切。史美鈞離開溫州時，把「有教育專論十餘篇，論文雜著兩大輯，與一冊實錄戰時生活的日記」交與張姓女學生保管，「誰知後來的音訊是：全部散佚」。（〈傷逝〉）

史美鈞到上海後，應是在胡山源創辦的集英小學工作過一段時間。

一九四四年冬，史美鈞回到老家，在海寧縣立中學任教，擔任訓育主任。這所學校一九一二年創辦，一九三七年停辦，一九四四年夏由錢祖吟恢復辦學。《海寧文史資料》第五十一輯刊發的陸克昌〈歷史的賡續——記「海寧縣立初級中學」在沈家濱復建〉一文，有此線索。

據陳文轉引陳光寬函，抗戰勝利以後至一九四八年間，史美鈞在杭州私立三在中學任教，並擔任過校長。

以上就是我目前搜尋到的文獻資料結合史美鈞自述，拼湊成的史美鈞足跡。有心人若進一步研讀史美鈞作品，應有更大的收穫。

一九四九年後史美鈞去了哪裡，活著還是死了，仍沒有線索。史美鈞生於哪年，暫未確定。我到過溫州第四中學檔案室查找史美鈞的資料，但只有當時學生花名冊了，一九四九年之前的教師檔案基本已佚。如果找到史美鈞的登記表，那麼他的生年、履歷就可迎刃而解。對於史美鈞生年，我基本同意陳青生先生的推斷，在一九一〇年前後。出版於一九四一年的《披荊集》，〈題記〉中有句在浙東生活時「由青年而進入三十而立的中年」的話，也可以支持這一推斷。

今天看來，史美鈞豈只是「遠去的身影」，他的身影早已消失。不僅是陳青生先生誤認史美鈞是一位女作家，還有陳學勇教授也將他置於《太太集》之列。史美鈞的家鄉大概也忘記這位地方人了，我檢索海寧圖書館館藏，無一史美鈞條目。

走文學之路多難，何況是在那個群星璀璨的時代。

「失蹤」的孔德

本文寫於二〇二〇年三月四日，發表於《隨筆》二〇二一年第二期。

用今天流行的話來說，孔德真是「太難了」，在網路上檢索「孔德」，他已被淹沒在數萬筆關於法國大哲孔德、北京孔德學校、孔子後裔孔德成等的檢索條目裡，想找到對稱的資訊，著實是抽絲剖繭的過程。

我說的孔德，是《外族音樂流傳中國史》的作者，正因為這本書，今天還有人提起他。

此書係商務印書館史地小叢書之一，一九三四年四月初版，分〈序論〉、〈凡例〉、〈古代之夷樂〉、〈北方諸國之樂〉、〈西域諸國音樂〉、〈西南諸國音樂〉、〈東方諸國音樂〉、〈餘論〉等篇章。其特色從〈凡例〉可見一斑：「本書注目於外族音樂何時入華，其影響於華樂何若？側重於史之敘述及考訂。」、「近人著作如童斐《中樂尋源》（商務出版）、王光祈《東西樂制之研究》（中華出版），童詳於曲譜唱法，王藉西洋律學，理董中樂，於華樂因革，則未能明。此書則於曲律從略，史跡求詳。」

有人說這是中國第一部中外音樂文化交流史，孔培培編《中國音樂史習題集》就有一道選擇題：中國第一部中外音樂文化交流史《外族音樂流傳中國史》是誰寫的。答案是孔德。而陳永《中國音樂史學之近代轉型》認為：「孔德著作對當今中國民族音樂（傳統音樂、少數民族）的學術研究，有著非同尋常的學術理論和實踐指導意義。」對於漢族以外的少數民族音樂歷史的專題研究，在孔德之後，沉寂了六十多年，直到二十世紀後期才有專著出現。「鑑於此，重新認識和闡發孔德著作的學術貢獻，意義自不待言。」

但孔德生平，一直是個謎，數部中國音樂史專著標注不詳，僅知道孔德字肖雲，浙江平陽人，此書是他就讀於清華國學研究院時所撰。幾乎沒有一篇像樣的文章系統介紹孔德，那麼筆者就拼湊一個孔德的人生剪影吧！

求學清華國學院

平陽孔氏是孔子後裔十二派之一，始祖為孔子四十二世孫孔檜，唐末宋初從曲阜遷至此，繁衍生息已逾千年。但問平陽孔氏中人，並不知曉孔德其人，託人翻族譜也沒有查到。劉紹寬是晚清民國平陽大儒，其日記起於西元一八八八年，至一九四二年止，洋洋大觀一百八十多萬字，對當時平陽賢達行跡多有提及，卻無孔德片語。平陽，可能只是孔德的籍貫，他們家早已遷居外地。在溫州中學這樣百年名校的同學錄裡查不到孔德，似乎也說明他小時候並未在平陽或溫州生活。

孔德的故事得從清華國學研究院講起。

一九二五年，清華國學研究院開辦，孔德是首批考取的研究生之一。《王國維未刊往來書信集》收錄四封梁啟超的信，其中一封評論新生入學試卷：「諸生成績交到此間者已大略翻閱，內中頗有可觀者，如高亨、趙邦彥、孔德、王庸，皆甚好。」夏曉虹編《清華同學與學術薪傳》所附一九二七年《清華學校研究院同學錄》吳令華藏本，乃依錄取名次排序，可以看出孔德排第十名。

就讀國學院期間，孔德受梁啟超教誨頗多。一九二五年底，撰〈漢短簫鐃歌十八曲考釋〉（刊於一九二六年五月出版的《東方雜誌》第二十三卷第九號）。文末附記：「此稿初成，承梁任公先生校閱，囑以愈袪附會愈佳。箴言可感，書此志謝。」一九二六年夏，完成《外族音樂流傳中國史》，〈序論〉提道：「自古外族音樂，賤視為夷，略不記載。今就諸史樂志，各家記錄，考訂纂集，明其變遷。梁先生《歷史研究法》云：『史須注目於文化之繼承及傳播，其變遷及得失如何？』又云：『中國史之主的，說明中國民族所產文化，以何為基本，其與世界他部分文化，相互之影響何如？』余今作是篇，本師意也。」

據《清華國學研究院史話》，孔德入學時選定「說文之會意字」作研究課題，畢業論文題目為「外族音樂流傳中國史」、「會意斠解」、「漢代鮮卑年表」。因成績優異，畢業時獲獎學金一百元，列乙級第七名。

清華國學院開辦僅四年。孔德在校時，就有諸多停辦的聲音。為此，孔德撰寫了〈批評與攻擊〉、〈為研究院名義存廢問題敬告全校教職員先生〉兩文，刊於《清華週刊》第二十五卷第二號、第四號，反對廢除，建言改組。此中詳情，可參見蘇雲峰相關研究。

遷居安徽乎？

一九二七年《清華學校研究院同學錄》有一張孔德證件照，這是目前查到的孔德最早兩張照片之一，還有張刊登於一九二七年《光華年刊》上。不過，《光華年刊》上那張照片，孔德戴著眼鏡。兩張照片上的孔德，看起來清秀儒雅，那個時代知識分子風度翩翩的模樣。

《清華學校研究院同學錄》上的照片邊有一行字：「孔君德，字肖雲，浙江平陽人，現年二十九歲。曾肄業東南大學，曾任聖約翰大學國文教員、桃塢中學國文主任，今任上海光華大學教授。」這段說明相當重要：（一）透露了孔德的年齡，推算一下，按實歲他出生於西元一八九八年，按虛歲出生於西元一八九九年。(二)清華國學院之前的大學履歷基本清楚了。(三)清華國學院畢業後，在聖約翰、桃塢兩所學校任教的時間都很短，加起來才一年左右時間。(四)一九二七年，已在上海光華大學。查《光華季刊》一九二六年第二卷第一期刊有孔德〈唐元次山先生氏族考〉。

這本同學錄上，孔德通訊處登記為「安慶法校街十六號」。連結《吳宓日記》出現孔德時夾注為「安徽」看，這可能是孔德出生成長的地方。吳宓畢竟是孔德的老師，說孔德為安徽人，或知底細。

安徽老詩人陳子言有一首〈送孔肖雲德歸安徽教授〉，一個「歸」字就說明問題了。

此外，一九二九年十月十五日，安徽省政府教育廳編譯處發行的《安徽教育》第一卷第一期，刊載有孔德〈對於本省職業教育之改進意見〉，這似乎又是一個證據。一九三三年元月二十四日，徐乃昌主編的《安徽叢書》開編審會，孔德與張燕昌、陳子言、洪澤丞、胡朴安等列席。這是一個關於地方文獻整理的會議，孔德參與其中，傳達了一種信號。一九三九年一月，又一本《安徽教育》創刊，開篇〈告省外皖籍教育界人士書〉下有「本刊特約撰述」，八十二人名單，按姓氏筆劃排序，孔德排第一位，還有王仲和、方東美、徐中舒、章友三、謝循初、朱光潛、蘇雪林等。檢索這些人的籍貫，幾乎都是安徽，是不是皖籍人士才有資格聘為特約撰述人員呢？

初入中大

「光華」之後的孔德，形跡開始變得碎片化了，不如在清華那般完整和清晰。

一九二八年十一月，創造社出版部在上海辦了一份《日出》旬刊，只出五期就停刊了。孔德在上面發表了五篇文章，第一篇〈答林語堂先生的一封公開信〉，回應了《語絲》上〈給孔祥熙部長的一封公開信〉。當時，林語堂對孔祥熙提出的保護孔林孔廟的提案予批評，孔德以「孔子後裔，未便避嫌不言」，駁斥林語堂之說。

《國民日報》一九二八年十二月十四日刊有一則短訊，標題為「中大改派孔德主試崇明檢定」。消息說，中大本委任易視學負責崇明小學教員檢定事宜，但易君另有事請，改派科員孔德主試。說明此時孔德已轉任中山大學。

《申報》一九三二年四月一日報導〈中山大學預科國文之新氣象〉：「廣州中山大學學生對於國文功課，素極輕視，前年朱家驊副校長特託伍叔儻教授負整頓預科國文之責，以企根本改善。伍氏延攬教員如李孟楚、段凌辰（河南中山大學教授）、陳漱石、聞野鶴（持志、大夏大學教授）、杜剛伯（武漢大學教授）、孔德、沙孟海、許傑、馮伊湄、謝中斐等，皆出版界知名人士。最近，伍氏復薦戴家祥教授為預科國文組主任，規劃課程，選訂課本，務使學生有發表閱讀賞鑑能力為標準云。」

對此，許傑在口述自傳《坎坷道路上的足跡》回憶：「廣州中山大學派人到上海來招聘教員。當時在大學裡面教國文的還是遺老比較多，然而，白話文的影響正在逐日增強。所以中山大學預科的主任鄺松齡想聘請一些用白話文寫作的有成就的文學家去教國文。鄺松齡派到上海來的孔德，原是清華大學研究院畢業的，他找到了清華研究院的幾位校友，如前復旦大學歷史系的陳守實（漱石）和現今華東師範大學歷史系的戴家祥等人，不過他們都是研究古典文學的。孔德還想請一位現代文學的教員，原來是指名要請葉紹鈞的，葉紹鈞當時正在開明書店任編輯，不打算去廣州，此時，蔣徑三便向孔德推薦我去中山大學。」鄺松齡即鄺嵩齡，但伍叔儻是預科裡的文科主任，與此事應更密切。另，伍是溫州人，與孔德同鄉。

據劉小雲《學術風氣與現代轉型：中山大學人文學科述論（一九二六－一九四九）》介紹，孔德在中大擔任過《國立第一中山大學語言歷史學研究所週刊》編輯，並在一九二八年十一月二十一日出版的週刊第五卷第五十六期發表了〈元氏氏族考〉、〈唐元次山世系考〉。

一九二七年至一九三二年期間，孔德除了在光華大學、中山大學任教外，還有在中央大學工作的經歷。據一九三二年〈國立中央大學商學院概況〉，孔德在教職員名單內，任副教授。時中央大學商學院正處於獨立為上海商學院的過程中，較為動盪，數月不息。有人在《晶報》一九三三年七月二十三日發表〈商學院風潮內幕〉，認為乃張素民、孔德從中鼓動。孔、張兩人見之，立即致函《晶報》主事者余大雄、張丹斧，刊於《晶報》七月二十五日，云《申報》二十一日刊有代理院長武堉幹函件解釋商學院真相，對破壞名譽之舉，已聘請岑德彰等為法律顧問，保障法益。

但此時的孔德應已離開中央大學。

在安徽大學

一九三二年四月初，程演生出任安徽大學校長，招兵買馬，想有一番作為。當年五月十六日《申報》刊載了一則安徽大學續聘教職員的消息，云「安徽大學已於五月二日正式開課，各院處長俱已聘定，詳情業志本報……已聘定者有呂思勉（前瀋陽高師、光華大學教授）、范壽康（中山大學哲學系主任兼祕書長）、蔣徑三（商務印書館哲學教育編輯）……孔肖雲（約翰、光華、中山、中央等校教授）……」。

呂思勉任教安徽大學只兩個月。他後來回憶：「一九三二年，日人犯上海，光華延未開學者數月。其時光華欠薪甚多，予實難支持。適安徽大學開辦，光華舊同事任職其中，該校介之來相延，言明絕不欠薪……其欠薪亦與光華無異。」暑假後，呂思勉重返光華。

在安慶，呂思勉與孔德、吳鏡天、正則三人同遊長江邊的迎江寺，並寫了兩首記遊詩，題為〈偕鏡天肖雲正則遊迎江寺〉：「江外青山似有無，江頭西去片帆孤。哀絲豪竹年年感，贏得浮生似夢徂（當筵有奏樂者）。誰遣南邦作繭絲，關津指點到今疑。江乾竹木由來富，便向茅簷樹絳旗。」

當時，受孔德之邀的還有許傑、蔣徑三等人。許傑《坎坷道路上的足跡》記載，孔德受程演生指派來上海招聘教師的消息，是蔣徑三告訴他的。因此，他從廣州回到了上海。一起去安徽大學的還有范壽康、方光燾、周予同等人。「開明書店的章錫琛開玩笑說，這一批人是『徽幫』。」「不過，安徽大學的同事們看待我們這些人，不是稱作『徽幫』，而是叫『上海幫』了！」

安徽大學校史，沒有記載孔德離校的時間。

一九三五年左右，孔德住在上海真如，與陳子言有往來。陳子言曾作〈孔肖雲攜贈真如鎮蜀人以糯粉所製桃片糕，片片薄如紙，無煩齒嚼，宜於老年，賦此奉謝〉（刊於一九三五年八月五日《國聞週報》），記一段逸聞：「蜀號胡桃片，吳稱玉帶糕。釜蒸還搗杵，刀薄等吹毛。小食唐時尚，余甘舌本韜。真如孔教授，攜贈不辭勞。」

一九三七年，清華大學編了一本《清華同學錄》。孔德填近況為「居家著述」，通訊處則填「上海霞飛路寶康里二十六號」，反映了那個階段孔德的狀態。

出走三臺

我找到的下一個時間點在一九四四年，孔德任教於東北大學。東北大學校史中，載有一張孔德與陸侃如、馮沅君、董每戡、臧啟芳以及國文系部分學生的合影，時間就在一九四四年。

此時的東北大學已內遷至四川三臺。八月，孔德與丁山、高亨創辦「草堂書院」，以便蜀中學子有繼續深造的機會。九月，教育部認為書院之名不符現實體制，命改為

「三臺草堂國學專科學校」。《西京日報》九月二十五日轉引中央社消息，云該校「由說文社主辦，校董會二十三日成立，張溥泉任董事長，李宏錕任副董事長，孔德任校長」。書院選址潼川，是唐東川節度使駐在地，杜甫曾小住。取名「草堂」，有紀念杜甫之意。公開在成都、三臺招考高中畢業或同等學力的學生入學，陸侃如、馮沅君、姚雪垠、楊榮國、趙紀彬、董每戡等任課。一九四五年，孔德離任，蒙文通接任。一九四六年，東北大學遷回瀋陽。國專失去教師團隊，遷到成都，後併入成華大學。

孔德像（刊於一九二七年《光華年刊》）

《外族音樂流傳中國史》書影

對於孔德的出走，三臺地方史料多有記載。國專學生袁誨余回憶：「兩考區共收一百餘同學，陸續到齊，似應按步開學，孰料因創建人之一孔德教授，原屬重慶一小團體『說文社』的成員（這個社團的靠山是國民黨CC派。其領導人衛聚賢等後來多半去了臺灣）。不知他搞的什麼鬼名堂，突然鼓動了除三臺籍外的近半數學生，跑到了離重慶不遠的北碚，另辦一個『學校』去了。（一九八三年，年逾八旬的宋鷺冰教授，在成都對我說：『孔德有政治背景，也有個人野心！那時如孔德不走，草堂書院不得安寧。』）」但另一篇何天度的回憶文章則說：「一九四四年冬，東北大學和三臺國專相繼發生學潮，先後氣走了東大校長臧啟芳（住在教育部求援），趕走了東大教授兼國專校長孔德（帶上一批師生去北碚辦了勉仁國學院）。」還有一篇鄧明昕所撰文章，亦持學潮說。如不是研究衛聚賢，還真不知什麼說文社，不過該社辦有《說文月刊》，倒是經常看到。勉仁國學專科學校多提到是梁漱溟創辦，想不到還有孔德的參與。

這段經歷，難得孔德留下了一篇文章——〈縉雲山下〉，刊登在《國風月刊》一九四五年七月第一卷第四、五期合刊。該文開頭提到「我自入川七載來，對於山城只是經過，並未作居留計畫。二度入川，又到了川北的潼川，小住兩載。去歲重踏進山城，住在復興關上，正當揚子江入口處」。入川七載，可推斷孔德大約於一九三八年離開上海到四川。潼川小住兩載，即孔德在書院任職時間。「當時我想復興草堂，同吉林高晉生兄籌商，在潼川創辦草堂書院，以發揚東方文化，研讀經籍為主。後經教育部認可，改名為草堂國學專科學校。一時川東、川西、川南、川北，來從遊者甚眾，地方上由羨慕到妒忌，由妒忌而謀攘奪。結果是魔高一尺，道高一丈。褫去了么魔小鬼的遊魂，發出萬道金光。由潼川炳耀到北培金剛碑，都煉成金剛不壞之身了。」

此文富有熱情，可見孔德心跡，不妨多抄幾句：「草堂，杜工部自成都遷到潼川。我今由潼川，遷到北碚。杜公草堂，是他一身寄託的地方。我的草堂，可以說是抗戰時代一個精神堡壘。我們要孕育無限的繼往開來的力量，為萬世開太平。」、「草堂，是繼承黃帝子孫的血統，並保持著五千年的文化遺產，去蛻變成功一個世界性的文化。那我們在此，並非嘲弄風月，看了春花

一九四四年，東北大學國文系畢業照，前排右起為霍玉德、孔德、馮沅君、臧啟芳、金毓黻、佘雪曼、董每戡、金景芳（董苗提供）

秋月，聽了蟬鳴鳥噪，欣賞這個大自然環境了。縉雲山霞草堂，是與日月同光的。」

檢《顧頡剛日記》，有幾處記孔德，略補此階段孔德蹤跡。一是一九四〇年五月十三日，成都，晚赴沈遵晦家宴，與孔德、覺玄、鴻庵、李鴻音、陳友生等同席。（一九四〇年三月，孔德與顧頡剛、吳其昌、呂思勉、周予同、劉節、蒙文通、丁山等曾在成都共同發起《史學季刊》）二是一九四五年四月二十二日，重慶，孔德與杜鋼白做東，客三桌，汪旭處、熊十力、周谷城、衛聚賢夫婦、李長之等在。三是一九四五年四月二十三日，重慶，出席國學整理委員會，與孔德、陳可忠、葉溯中、盧冀野等同會；晚兼善餐廳吃飯，陳可忠、葉溯中、侯芸圻請客，與孔德、馬叔平、汪旭初、盧冀野等同席。四是一九四五年四月二十四日，晤孔德。五是一九四六年一月九日，南京，中午到章友三家吃飯，孔德與梅汝璈、伍蠡甫、周谷城等在。

與王力之間的恩怨

抗戰勝利，中山大學復員廣州，王星拱接任校長，聘請了一批知名學者到校，如王力、劉節、楊樹達、羅香林等，孔德也在內。一九四九年六月中山大學文學院教員名冊顯示，孔德於一九四六年四月到校。但這份名冊填寫孔德年齡有誤，楊樹達、吳三立、詹安泰等人年齡亦錯。

這是孔德第二次任教於中山大學。

從上述內容已知，孔德樂於牽線搭橋，介紹多人到大學工作。此次王力到中大，竟也與孔德有關。張谷、王緝國合著《王力傳》記錄了孔德與王力間的這段糾葛。一九四六年五月，西南聯大解散，各自遷回原址，王力準備隨校回北平之際，接到孔德來信，希望王力在清華大學遷校復課的間隙，先到中山大學講學兩個月。王力念及與孔德在清華國學院同窗之誼，答應了孔德的邀請，並約吳達元同去。王力講學期滿，王星拱與孔德一道來找他，極力挽留。王星拱當場拿出中大文學院長聘書，孔德在一旁勸說，王力無法推辭，便應允暫留中大一段時間，寫信辭去清華教職。但在隨後的工作中，王力與孔德並不融洽。

據這本傳記所云，孔德奉行的是市儈哲學，藉王力的聲望抬高自己，達到目的後，對王力的態度就發生變化，處處干預文學院的行政事務，目的就是要當上中文系主任。孔德為人霸道，連校長也怕他幾分，是中大的實權派，有政客氣質，與國民黨政府中要人常有往來。一九四八年五、六月間，孔德帶了一筆錢去南京為圖書館添置圖書，住了個把月，把錢用在應酬政府大員上。用光錢就寫信給王力，要報銷南京的一切費用。王力回信拒絕了孔德的要求。孔德惱羞成怒，揚言歸廣州後要痛打王力一頓。王力聞言，就在孔德返回廣州之前，到香港避風頭。孔德回來後，又到佛山住了幾天。後來在清華老同學勸說下，孔德表示不找王力麻煩，事情才平息下來。在中大遇到諸多不愉快，王力不願再待下去，去了嶺南大學任文學院院長。

《王力傳》作者之一乃王力之女，孔王恩怨應有一定的根據。《楊樹達日記》一九四八年八月三十日云：「王力一改任嶺南大學文學院院長，邀余往任教；而孔肖雲又力邀往中山大學。兩君交惡，嶺南又不許兼課，余極感困難，因兩辭之。」但真相是否如這本傳記所說，值得回味和進一步挖掘。

據中山大學校史記載，一九四七年二月，文科研究所歸文學院後，分為中國文學研究所、歷史學研究所，孔德擔任文學所語言學部主任。後改任中文系主任，直至一九四九年。孔德在任上編有《大學國文選》，由中大中文系印行；其間，還有〈唐元結年譜〉刊於《國立中山大學文史集刊》。

經辦吳宓廣州講學

孔德在中大經辦吳宓到廣州講學、吳宓向孔德舉薦陳寅恪兩事，常見於吳宓、陳寅恪傳記。透過《吳宓日記》，可見當日大致情況，以及一九四八年前後中大人事動盪。

一九四八年二月二十八日，孔德向在武漢大學的吳宓寫了封信，邀請他到中大講「文學原理」、「文學批評」五星期，奉旅資三千萬元。西北大學校長馬師儒二十一日函，也請吳宓到西安講學。據吳宓三月四日日記，他本意是很想到廣州走一趟的，「本思在粵港活動，為將來立足、避亂之地，尤欲赴港探望嫻；故此聘乃意外良機」，還聽說王星拱禮賢下士，今日校長中少見。但他答應清華在先，猶豫不決。至三月六日，他終於決定「不赴北平，捨清華而講學西北、中山矣」。

三月八日，吳宓接到孔德三月五日函，附上中山大學文學院特約教授聘書，並說已透過交通銀行匯去旅費一千萬元，意在催促吳宓到廣州講學。三月十日，王星拱正好到武漢大學，便登門拜訪，並附一信表示感謝，吳宓答應五、六月間去廣州講學五週。

三月十三日，吳宓覆孔德二月二十八日、三月五日函，告知「願於五月半至六月下旬之間至粵，並商詢各見。附聘函及旅費一千萬元之收據」。三月十七日，吳宓在接到王星拱電報後，再覆孔德一函，「決往，由五月一日至六月十日」。

三月二十四日，孔德向吳宓寫了兩封信。吳宓於二十七日接到後即回覆，「仍申前約」，並告知具體課時安排。

西北回來後，吳宓於五月六日晚坐火車到廣州。抵達廣州之初，吳宓即住在孔宅。他在日記上說，此次廣州之行係有清華校友、中大工學院長陸鳳書介紹、接洽，王力、孔德力促而成。吳宓在廣州的飯食，也由孔德備辦、招待。吳宓在廣州除了上課，禮節性拜會了當地學者，在穗賢達聞訊也紛紛前來問候。

暑假中，陳可忠代理中山大學校長。七月十七日，吳宓接到陳可忠聘書，邀任文學院院長。七月二十一日，李滄萍、姚寶猷發來電報云：「中大文學院虛左以待，屬望至殷。……」七月十九日，孔德致函吳宓，「述中大近況，及各系新派主任」。但洪謙告知他，「中大為庸劣教授充塞，無法裁換」，若去會成傀儡。故吳宓於七月二十六日覆陳可忠函，明確辭文學院院長、研究所所長、外文系教授之職，退還聘書，並推薦孔德主中文系。此後，孔德還向吳宓匯來薪水。十二月十四日，吳宓與洪謙共同署名致函孔德，鑑於人心、時局，時近寒假，「不克遵命前來」。

最終，吳宓落腳重慶。

那個時候，陳寅恪也在為何去何從做抉擇。十一月八日，吳宓寫信告知陳寅恪的助手程曦，「已函孔德舉寅恪為中山教授，先送足旅費」。陸鍵東《陳寅恪的最後⊠⊠年》說，「吳宓此舉，並非隨手拈來之作，而是別有深意」。但陳寅恪選擇了充滿新氣象的嶺南大學作為自己最後一站。

最後的身影

人事動盪的背後，其實是社會動盪。貨幣貶值，人心惶惶，社會秩序在政權更替前夕幾近癱瘓。

一九四九年一月十三日，任教授福利會主席的孔德代表教授向當局提出調整待遇的要求。二月二日，教授會召開緊急會議，提出一次性透支三至七月薪水，配給員生實物，政府南遷不得徵用校舍等要求。會後，孔德、丁穎等六人向教育部代部長陳雪屏陳情。四月二十三日，孔德、龍慶忠等人還向代總統李宗仁請願，要求緊急撥款救濟。

這是在中山大學校史裡，孔德最後的身影。

熊十力的信函中，還有孔德最後的身影。

當時熊十力亦困居廣州，住在學生黃艮庸的觀海樓，徘徊在人生的十字路口。翟志成〈熊十力在廣州〉說，一九四九年三月間教育部開始向流亡廣州的各地教授發放薪金。熊十力便委託孔德代領一月至三月的流亡教授薪金五萬元，但熊十力並不滿足，又透過孔德向教育部代部長陳雪屏陳情，預支半年的薪金。事後又覺事情做過頭，便修書徐復觀並轉呈陳雪屏：「薪資事，前只領到五萬元，由孔肖雲先生轉艮庸。前幾日艮庸云：肖雲欲向雪屏商，為吾請其多作幾個月扣齊，一下發下，以免老人太苦。吾覺恐未易辦，曾函雪屏，只說下月而已……」陳雪屏是余英時的岳父。孔德在安徽大學任教時，曾和余英時的父親余協中共事。

中大曾送給熊十力聘書，黃艮庸以為他的老師不會出山，扣下了聘書。熊十力錯失中山伸出的橄欖枝。一九四九年九月十六日，他向徐復觀等寫信，透露「王季思言之，則局面已大變，時時見報上要疏散，吾何必交涉入城？則可安之也。若早入住定，孔德自亡要走，陳可忠在動搖，也不知向誰交涉」。

此後的孔德，不知所終。「自亡要走」，去了何方？本地，還是海外？抑或留在了廣州？那麼，是生，還是死？

忽然想起劉節，翻開《劉節日記》，果然有兩處關於孔德：一九三九年八月三日，在成都「遇舊同學孔肖雲兄」；一九五六年一月十九日，「晚周其勳夫婦來訪，談補助孔德夫人事情，余夫婦答應每月出三元」。劉節日記缺一九四六年至一九五一年以及一九五五年，而一九五二至五四年間，劉節日記並沒有記孔德事。這更給人想像的空間，一九五一年，還是一九五五年，孔德遭遇了什麼，以至於同事好友商量著資助孔夫人。

一九五一年九月，中大機構調整，孔德沒有出現在負責人名單上。而他兩位老鄉王季思、劉節分任中文系、歷史系主任。為什麼這位曾經的中文系主任，在今天的中大校史上連生卒年分也沒有？

多年前上舊書網，發現一九五二年四月號《翻譯通報》上有篇署名孔德的文章〈關於法國近代史的幾個譯名〉，順手下載來，再查該刊一九五一年第三卷第三期、第四期還發表過孔德的〈略談越南地名漢譯〉、〈論法國大革命史上的幾個譯名〉，一九五二年二月《地理知識》則有篇類似的〈關於越南地理的幾個問題〉，難道是轉變中另一個孔德嗎？

至此，在我的視野裡，孔德的故事結束了。如果孔德在一九五一至五六年間去世，那也不過六十來歲。或者他遠走他鄉，留下了妻兒老小。

還有多少像孔德這樣的人物，消失在地方，消失在新舊交換之間……

「文學青年」湯增歇

本文寫於二〇二〇年六月十五日，發表於《現代中文學刊》二〇二一年第一期。

一

一九三一年十月二十九日，魯迅寫了一篇〈沉滓的泛起〉，署名它音，發表在十二月十一日出版的《十字街頭》第一期上。此文批評了民族主義文藝論，提及《草野》及其編輯。《草野》創刊於一九二九年五月四日，停刊於一九三一年十一月十四日，辦了九十來期，主要編輯有王鐵華、湯增敭等。魯迅在文中以「文學青年」、「文學小囝囝」諷刺他們。

一九三三年七月八日，魯迅在給黎烈文的回信中又提到湯增敭：「惠函收到。向來不看《時事新報》，今晨才去搜得一看，又見有湯增敭啟事，亦在攻擊曾某，此輩之中，似有一小風波，連崔萬秋在內，但非局外人所知耳。」這場「小風波」，魯迅在《偽自由書》的〈後記〉頗多涉及。

一九三三年十一月十五日出版的《申報月刊》第二卷第十一號發表魯迅〈謠言世家〉，再次點名湯增敭。此前，湯增敭寫了篇〈辛亥革命逸話〉刊登在《時事新報》上，說杭州光復時，殺了很多駐防旗人，其辨別旗人的方法，就是讓可疑者讀「九百九十九」，旗人音「九」為「鉤」，「百無一失」。魯迅認為：「這固然是頗英勇，也頗有趣的。但是，可惜是謠言。」

據趙家壁〈魯迅怎樣編選《小說二集》〉載，一九三三年十一月十三日，良友公司遭到「影界鏟共同志會」的特務破壞，門市部大玻璃被鐵錘擊碎。不久，湯增敭就以賣稿為名找上門，「敲去了一筆錢，還說『保證』以後沒事了」。趙家壁把此事告訴了魯迅。魯迅在〈中國文壇上的鬼魅〉裡給予鞭撻：「『文學家』將自己的『好作品』來賣給他了，他知道印出來是沒有人看的，但得買下，因為價錢不過和一塊窗玻璃相當，而可以免去第二塊石子，省了修理窗門的工作。」

這個湯增敭最早出現在魯迅的筆下，應是在日記裡。一九二八年十月十八日、一九三〇年四月七日、一九三〇年四月九日，魯迅收到湯振揚（即湯增敭）信。

刊於《學生文藝叢刊》一九二五年第二卷第九期上的少年湯增敭像

刊於一九三八年《新中國》年刊上的青年湯增敭像

一九二八年十月二十九日，魯迅回覆湯一封信。

在魯迅「一個也不寬恕」的諸多對象中，湯增敭籍籍無名。一九九〇年代中期，漢語大辭典出版社出版了一套「海派小品集叢」，內有《湯增敭集：大學風景線》，這是一九四九年後湯增敭作品唯一集中亮相，但未能引起關注。《魯迅全集》注釋也是寥寥幾筆，僅指明他與《草野》的簡要關係。正如《湯增敭集：大學風景線》編者許道明所言：「湯增敭何許人，一般讀者是生疏的，對於專治現代文學的人來說，未見得能夠講出多少子丑寅卯。我們也是在全面清理海派散文遺產時，偶然發現的。經由不太深入的調查考索，稍微掌握了他的基本情況。」

而我因為尋找《小小十年》作者葉永蓁的文章，進而發現了湯增敭。《湯增敭集：大學風景線》的〈前言〉及《魯迅全集》注釋所述存有疏漏和空白，覺得有必要為湯增敭生平和作品做一整理。

二

湯增敭何方人氏？《魯迅全集》注釋，湯增敭是浙江吳興人，即今湖州人。《湯增敭集：大學風景線》編者也說湯增敭是吳興人。但又說他與葉永蓁「自小便是同鄉兼同學」，這就矛盾了。葉永蓁是浙江溫州樂清人，怎會與湯增敭同鄉？

湯增敭在一九三三年八月廣益書局出版的《幸福》一書〈後記〉中回顧了寫作經歷：「我的寫作開始，是從樂清縣立第三高等小學肄業的時候，那時候我投稿的刊物，有上海《民國日報．覺悟》及胡寄塵先生主編的《小說世界》……我在那學校的三年中，大半的光陰是犧牲在這自己覺得有意義的投稿裡；同學和師長，當時譏笑我的無料，尤其是教我國文的那位鄭器遠先生，責備我特多……過了這短促的三年小學生活，我負了家長的重大使命考入溫州省立第十中學。這時正是革命紅流高漲的時候，我受了新思潮的洗禮，毅然決然的參加了革命運動，終日為民眾被壓迫解放在奔走。」此書〈自序〉還對「少年時代的同學葉永蓁兄」插圖表示感謝，「他替我繪了許多美麗而有力的插畫，他因為忙著為各大刊物撰稿，結果僅替這集子繪了兩張新的畫，不過在這裡，也可以見到他底天才和偉大的藝術表現，這實在（為）本書生色不少」。這可能就是《湯增敭集：大學風景線》編者說湯、葉「自小便是同鄉兼同學」的出處了。

樂清縣立第三高等小學即今樂清市柳市鎮第一小學，創辦於一九〇二年，是樂清最早的新式小學之一。該校百年校慶紀念冊所錄「歷屆部分校友名單」中，一九一九年有葉榛（即葉永蓁），一九二四年有湯敬暘，應就是湯增敭，同年有陳適。他們合作編寫謎語、歌曲，〈琴心齋小慧集〉、〈答在學諸同學歌〉發表在《學生文藝叢刊》一九二五年第二卷第八集，署名前冠「樂清三高」。後來他們還一起採集地方歌謠，結集為《甌海兒歌》於一九三三年六月由上海南京書店出版。一九三五年一月出版的《旅行雜誌》第九卷第一期上刊有湯增敭〈楊八洞〉一文，回憶一九二五年遊樂清楊八洞之情形。

浙江省立第十中學現為溫州中學，查《溫中百年》所載師生名錄並無湯增敭的名字。這不奇怪。原因一是一九二三年至一九二七年的畢業生檔案已無存，現有名單是按當年同學錄補入；二是湯增敭在校期間積極參加革命運動遭到「封建勢力的突襲」，使他的生命「發生危險」，在學校待了兩年後「不得不離開」而流亡，所以不在畢業生名單之列。但湯增敭的十中讀書經歷是沒有什麼可疑的。他曾在《十中中山市市刊》一九二五年十一月創刊號發表過一首詩〈賀中山市市刊〉，還寫了〈春晨登中山〉、〈晚間自修時候的我〉等文記錄校園生活。中山是溫州城內中山書院裡的一座山，書院後改為溫州府學堂，即省立十中的前身。〈晚間自修時候的我〉發表在《學生文藝叢刊》一九二六年十一月第三卷第九集，署名前冠「浙江十中」。據《中共溫州獨立支部與國民革命運動》收錄的「溫州學聯代表大會執行委員會組織系統」（一九二六年四月）載，湯增歇任職於會計股。又據吳廷琯〈陳適其人其事〉一文記述，當時，湯增歇與由樂清三高畢業考入十中的同學陳適、黃尚英、朱澄等人，經徐雨白介紹加入中國共產黨，在松臺山麓曾宅花園舉行了入黨宣誓，經常在那裡活動，後來一起遭到追捕。

一九二二至一九二四年就讀於樂清三高、一九二五至一九二六年就讀於省立十中，足以說明湯增歇與樂清、溫州的關係非常緊密。而一九三四年《湖社第十屆社員大會特刊》刊登的社員名單中列有湯增歇。加入湖州同鄉會組織湖社，湯增歇表明自己是湖州人。那麼，吳興應是他的祖籍。但他們家何時遷徙樂清生活，目前尚不清楚。湯增歇提到在樂清三高只三年，或許客居樂清而已。湯父名少譜，一九三七年四月二十三日在上海去世，享壽六十一歲，《申報》、《新聞報》等刊有訃聞。詢問樂清幾位老先生，均不知其人。湯增歇夫人蔣集成卻是道地的樂清人，出身書香門第，其父子琳，思想開明，曾在樂清創辦女學。蔣集成前適人，不同志趣，遂離異，後嫁湯增歇，一九三五年留學日本，抗戰期間居滬做地下工作，勝利前夕被捕入獄，日軍宣布投降後出獄。有人投書《中央日報》呼籲要向蔣集成這樣的英雄頒發勳章。

三

據湯增敭自述：「我逃亡到幾處很小的地方，始輾轉到這萬惡罪藪的大都市。」他有一首〈別椒江〉的詩，應是逃亡之初所作。椒江瀕臨樂清。《山朝》一九二七年十一月第一卷第二期刊有湯增敭〈畸零人的歸宿〉、〈漂蕩在黃浦江上〉兩詩，落款「二七，秋，流浪於浦東」、「二七，八，五於浦江舟中」，可見當時的狀態。上海有湯氏親族，不乏富豪，但湯增敭並不受他們的待見。最使他痛恨的，「就是一般勢利鬼的親族」。他們以為湯增敭「不走思想的正路」，嘲笑他「為社會革命既未成功險些將自己的頭革掉了」。

湯增敭賣過舊書，進過長生庫（典當），欠過房租，餓過肚皮；但他在貧困交加中，慶幸自己還有「幸運的行徑」。先是在正風中學卒業，再進入上海藝術大學，後考入復旦大學新聞學系（現復旦大學新聞學院網站資料顯示為一九三一年入學，實際一九二九年就已入學），並逐漸在文壇嶄露頭角。在復旦大學，得到謝六逸、孫俍工、黃天鵬等人青睞。在校期間，即擔任復旦大學預科國文系教授，教「現代文選」一科。當時復旦新聞學系的宣傳，常以湯增敭為典型，有「在校生湯增敭在中國文藝界有相當的榮譽」云云。《申報》編輯朱大心經常刊發湯增敭的書評和藝術評論文章，使他有了學費和零用錢。而湯增敭早期的詩文多發在《國民日報》。

一九二八年下半年，湯增敭無意中參與了當時的「革命文學」的論爭。《北新》第二卷第二十一期、第二十四期分別刊登他署名振揚的〈自動停刊〉、〈《門市部小夥計啟事》的回音〉兩篇文章。就是這個時候，魯迅回了信給他，不知是否關於「革命文學」。

自一九二九年五月四日《草野》創刊以來，湯增敭是主要編輯和積極的撰稿人，直至一九三一年第五卷第九號開始淡出《草野》。

一九三一年七月，湯增敭出任《星期文藝》主編。在他主持下，《星期文藝》頗有生機，銷路漸佳，《申報》有「異軍突起」之謂。《星期文藝》刊有湯增敭〈現代書局總編輯李贊華〉、〈復旦中國文學系主任孫俍工先生〉、〈傅彥長教授訪問記〉等文。《星期文藝》停刊後，湯增敭擔任《時事新報》副刊「學燈」編輯。魯迅給黎烈文信中提到的〈湯增敭啟事〉刊於《時事新報》一九三三年七月六日：「予現專任職於時事新報館，對於外間各刊物均無關係，前閱某新聞，載曾某宣稱，予曾與某君同往校對某週刊等語，殊屬駭異。予自《星期文藝》停刊後，從未往任何印刷所及與人作校對之事宜，顯然為曾某之信口雌黃，任意造謠。嗣後如再有此項不負責任制事情發生，當訴諸法律，絕不寬恕。」曾某為曾今可，《草野》主要作者之一，湯的朋友，當時也被魯迅批評過。此後湯增敡還擔任過《晨報》、《上海晚報》編輯。

一九三二年初，湯增敡還與徐則驤創辦了上海獅吼文藝社，至一九三五年還在堅持活動。高峰時社友達百餘人，分社一、二十處，杭州、無錫等分社辦有刊物。然此獅吼文藝社與滕固等人創辦的獅吼社並無關係。

一九三四年四月三日，南社成員舉行陳去病追悼會並聚餐，到會一百零九人，胡懷琛提議推蔡元培為晁天王、柳亞子為宋公明，並請柳亞子「點將」，湯增敡為地遂星通臂猿。

一九三七年一月，湯增敡創辦《南風》半月刊。

湯增敡活躍於上海文壇，那幾年《申報》報導藝術動員餐話會、抗日救國隨軍記者團、五四紀念大會、時代青年社、晨光藝展、圖書小說業整委會、中國電影藝術研究會、中國文物研究會、上海孔子學會等活動都可見湯增敡的名字。其聲名最盛當在一九三七年三月，父親六十大壽，王西神、吳鐵城、李登輝等發起祝壽活動，所得壽儀捐獻辦學，各大報紙爭相報導。

湯增敡辦過報刊，當過編輯，還躋身教育界，擔任過上海濱海中學、人文中學、民光中學校長及上海江南學院講師、暨南大學教授、世界文學函授學院院長、上海新中國大學事務部主任兼新聞學系主任等職；尤其一九三四年七月接任民生中學校長後，與徐則驤、陳適搭檔，出盡風頭。此校董事長為潘公展，前任校長為丁默邨，皆一時權勢人物。

但風頭和黴頭兩隔壁。一九四〇年三月二十日，《申報》及香港《大公報》等媒體刊登重慶中央社發表的消息，云湯增敭、周樂山等九人反正自新，赴渝請罪，離滬前致函汪精衛，痛斥其欺騙行為，聯名「大學教聯會」係捏造。時外界傳聞汪政府組閣內定湯為浙江民政部廳長兼中央社會部指導專員。自此湯增敭在報刊露面就少了。

一九四五年初，湯增敭在重慶編輯《通訊半月刊》。五月，任貴州圖書雜誌審查處長。十一月底，該處裁撤。

《魯迅全集》、《中國國民黨百年人物全書》、《中國近現代人物名號大辭典》均記湯增敭生於一九〇八年，卒年不詳。《湖州名人志》、《浙江古今人物大辭典》、《中華湯姓源流》則認為湯增敭生年為西元一八八二年，卒年分別為一九四四年、一九四八年，都不準確。一九四七年、一九四八年前後，湯增敭在《新夜報》任總編輯。一九四八年七月，上海國民出版社創辦了一份《新知識》雜誌，辦到一九四九年三月第六期後停刊，湯增敭一直任編輯。

湯增敭後來去了臺灣。查《金門古寧頭舟山登步島之戰史料初輯》收有湯增敭〈舟山前線新經緯〉，原載《新生報》一九四九年十一月二十六日。臺灣《浙江月刊》一九六八年第一卷第一期刊王惠民〈追記舟山撤退的一幕〉，憶及國民黨軍隊撤離舟山時，湯增敭任舟山防衛司令部政治處長兼省黨部委員。一九五〇年十一月，臺灣華清出

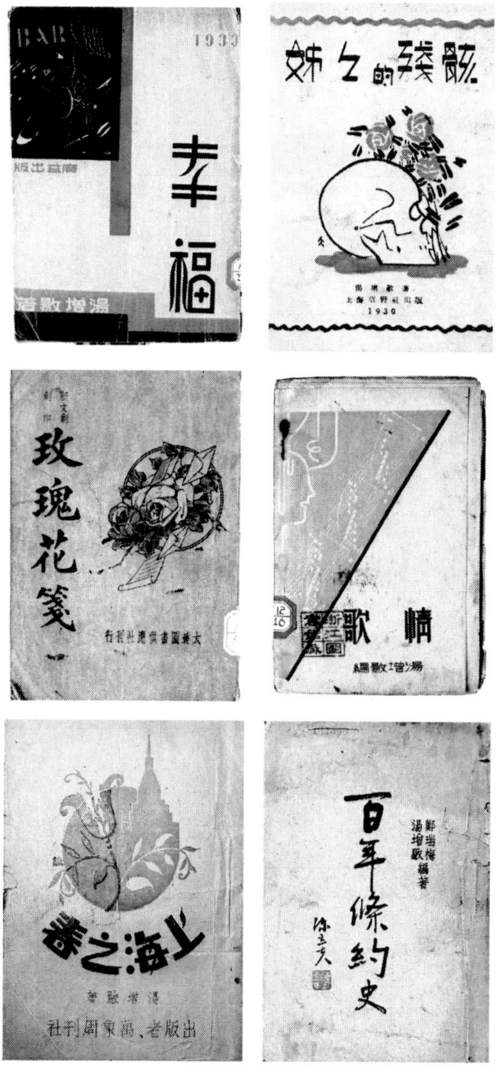

部分湯增敭著作書影

版社出版湯增敭編《蘇聯帝國主義侵略中國簡史》。有網站顯示，湯增敭一九五五年一月至一九五八年期間任臺北市「第三屆議員」，身分是華清出版社發行人、《新生報》監察人。位於臺灣新北市新店區的新新煤礦，一九六七年倒閉。據說礦主為李省吾、湯增敭。

湯增敭何年在臺去世，在臺有否從事文學創作，待進一步考察。

四

《湯增敭集：大學風景線》列出湯增敭著作只《姐姐的殘骸》、《幸運之連索》、《幸福》三種，遺漏甚多。其作至少有如下十多種：

《獨唱》，上海草野社出版部一九二九年十月初版，一九三〇年五月再版，收錄〈別椒江〉、〈死前的預禱〉、〈把我從夢魘中驚醒〉、〈獨唱〉、〈對著骷髏痛飲〉、〈神女〉、〈鄉懷〉七首詩。

《姐姐的殘骸》，上海草野社一九三〇年九月版，書前有「謹以本書，紀念我似有似無的亡姐菁菁」，卷首為〈死前的預禱〉詩，隨後散文十八篇，附後記。章衣萍、孫俍工作序，葉永蓁、朱釋冰插圖。章序有「『詩窮而後工』。湯君既窮矣，他的詩一定很工吧。然然我是詩的門外漢，但我可以大膽的說，湯君要詩作得好，應該再窮下去才好。然而，『傷哉貧也』之嘆，詩人可奈何！」云云。

《幸運之連索》，與黃奐若合著，上海現代書局一九三一年初版。李贊華、黃梁夢（即黃天鵬）作序。這是一本記錄學校生活的文集，共三十篇，各篇未註明作者。黃奐若是湯增敭在復旦的同學，《草野》夥伴。一九三七年十一月文藝書局再版，易書名為《初試》，署名只黃奐若一人，黃梁夢序未保留，正文一模一樣。如果這些文章都是黃奐若所撰，那麼〈春的豔裝〉、〈舞臺中底三多〉、〈浪費的故事〉、〈初試〉等文也被湯增敭收錄在《幸福》一書，又是為何？不得其解。

《小學生歌謠》，湯增敭編，廣益書局一九三三年二月版，新時代小學生叢書第八種，收錄各地歌謠五十四首，不乏〈正月燈〉、〈月光佛〉之類的溫州童謠。

《現代教育通論》，上海大東書局一九三三年四月版。社會科學基礎叢書之一，分〈何謂教育〉、〈教育的制度〉等十章。

《甌海兒歌》，與陳適、徐則驤合編，上海南京書店一九三三年六月版。內容為溫州地區童謠，五十首。有陳適序，他應該做了主要工作。

《幸福》，廣益書局一九三三年八月版。分「學校生活」（散文）、「流浪之歌」（詩歌）、「緋色的夢」（小品）三部分，計散文十五篇、詩歌十七首、小品十九篇。葉永蓁、朱釋冰、方雪鴣插圖共十二幅。孫俍工作序，認為他的抒情小品是「感傷的，但他底感傷與旁的頹廢派的感傷不同；感傷之外，還帶有一種對於現實的希望與努力」，而「他的詩很富於象徵的意味，而且是富於情調的象徵」。

《寫景文作法》，上海廣益書局一九三三年八月版。分「寫景文概論」、「寫景文作法」、「寫景文選論」、「寫景文文範」四編，為在復旦大學授課時所撰講義改寫。

《社會學概論》，上海大東書局一九三三年九月版。社會科學基礎叢書之一，分〈何謂社會及社會學之性質〉、〈社會之制度及家庭與家族〉等九章。

《情歌》，湯增敭編，上海湖州書局一九三三年十月版。收錄各地情歌八十首。該書有「本書編者著譯一覽」，除本文所列外還有《中國森林問題》（大東書局）、《文藝思潮研究》（編著中）、《大眾文學講話》（星期文藝社）、《文藝素描集》（與徐則驤合著，晨報社）等資訊，這幾本書尚未見到。另《新聞報》一九三五年七月三十日報導，湯編《中小學生升學指導》由上海新民書局發行，亦未見。

《自然科學史大綱》，廣益書局一九三四年二月版。前編為「方法論」，分〈現代自然科學認識與方法〉、〈關於最近的各問題〉兩章；後編為「歷史論」，只〈自然科學史概要〉一章。

《玫瑰花箋》，大達圖書供應社一九三五年四月初版，一九三五年十一月再版，收錄〈玫瑰花箋〉、〈月夜〉、〈夢戀〉等十二個戀愛故事。

《上海之春》，上海萬象週刊社一九四四年九月初版，同年十二月再版。分「上海之春」、「淞濱散記」上下兩輯，共五十六篇散文，為抗戰期間上海見聞，具有戰時社會學意義。

《百年條約史》，又名《廢約運動概觀》，與鄭瑞梅合著，光華出版社一九四四年九月版。

湯增敭出道甚早，在一九三〇年代上海文壇也算有點名氣，除去教育、社會學等方面的專著，散文、詩歌創作富有個性，而且從革命立場轉變上考量，亦值得探究一番。可惜他的運氣不如葉永蓁。葉永蓁因為有魯迅為他的小說《小小十年》作序，在文學史上留下了一筆，而湯增敭，知者甚少，僅見《浙江現代散文發展史》專節提及其「現實詠嘆」的價值。如果要全面反映中國現代文學史的面貌，那麼湯增敭這樣的「文學青年」似乎是很有挖掘必要的。

關注《何典》之外的錢天起

本文寫於二〇二一年四月十二日，發表於《隨筆》二〇二二年第五期。

劉半農重印《何典》，熱鬧一時。不僅牽涉吳稚暉，魯迅也破天荒為別人著述寫了兩篇序。其中一大焦點就是北新書局初版時用了很多空格代替刪節，劉半農因此寫了篇〈關於《何典》裡方方方及其它〉回應。關於「方方方」，這裡按下不表，只說「其它」——「又有錢式芬先生，很仔細的同我討論《何典》中的方言。研究方言本是我的本行，所以我將來信附抄在下面，並逐條加以答語」。劉半農抄錄錢式芬的信共三十一條，卻有十四條提及溫州話。如《何典》中的「鑿糟彌陀佛」，「『鑿糟』汙穢也，溫州此語極通行」；「小舍人」，「小孩子也。溫州稱為『碎舍兒，蓋此音之轉』」，等等。這位錢式芬懂溫州話，十有八九是溫州人。因此，前些年有兩位關注地方文化的朋友不約而同向我打聽錢式芬的事蹟，而我孤陋寡聞，也是第一次聽說。溫州盛產語言文字學家，晚清以來有孫詒讓、戴家祥、鄭張尚方諸家，我初以為錢式芬是一位被埋沒的方言學家，然而一路尋找，呈現的卻是另一種的形象。

二

前幾年資料庫雖不如現在發達，但還是能檢索到錢式芬即後來的錢天起，《河南社會科學手冊》、《河南大學百年人物志》等有載。其中《河南大學百年人物志》所記最為詳盡，是官方蓋棺定論，其基本情況如下：錢天起（一九〇六——一九六八年），又名式芬、易寒，浙江瑞安人。一九二三年浙江溫州省立第十四中學畢業後，考入陸軍獸醫學校，一九二四年春又進入北京中俄大學，後轉入武昌中山大學國文系學習。一九二七年畢業，獲文學學士學位。一九二八年三月赴日本留學，一九二九年春回國後先後任山東曲阜省立第二師範教員、上海國光中學教員、北京鐵路管理學院副教授、上海商務印書館編輯等職。他早在一九二六年二月在北京上學時就加入共產主義青年團；一九四七年在上海加入中國民主同盟，任民盟上海市支部委員、文教副主任委員；一九四九年初加入中共地下黨領導的教育協進會。中華人民共和國成立後，歷任平原師範學院中文系主任、副教務長。一九五六年調開封師範學院（今河南大學），歷任院長助理、副院長兼中文系主任等職，是河南省第三、第四屆人民代表大會代表，開封市第三、第四屆人民代表大會代表，河南省政協第二、第三屆委員會委員，河南省第一屆哲學社會科學聯合會副主席。「文化大革命」期間，因受林彪、「四人幫」極「左」路線的迫害，含冤去世。

這篇介紹未註明出處，不知是不是根據錢本人檔案所撰，但有多處經不起推敲。比如就讀的中學應為溫州浙江省立第十中學，即今溫州中學。查該校一九二三年六月版《校友錄》，錢式芬字弋工，時為二年級乙班學生，可知他一九二三年入學。《百年溫中》載錢式芬於一九二五年畢業。創辦北京中俄大學的張西曼有〈國立中俄大學變遷〉回憶中俄大學始於一九二五年，次年四月解散，大部分學生轉入國立法政大學。一九二七年春，國立武昌中山大學開設俄文法政學系，一部分學生分流到此，錢式芬為其中之一。中央檔案館保存一份一九二八年一月二十四日中共浙江省委給中央的報告，請中央解決人才、經費，提到前請中央補充人員，只到錢式芬等四人，「實在不敷分配」。但不久錢式芬就遭到通緝，瑞安鄉紳張棡在一九二八年十月二十六日日記記載：「晨，看杭州《新聞報》，見政府通令，有飭緝瑞安共產之匪，如……錢式芬等，約十七名。」說明一九二八年三月錢天起還未到日本留學。

河南大學一九六四年檔案表上的錢天起照片（錢大梁提供）

錢天起在陸軍獸醫學校、山東曲阜省立第二師範（應為曲阜山東第二師範學校）、北京鐵路管理學院、上海商務印書館的經歷，目前未見他人提及。他的出國，似乎意圖在於躲避追捕。

二

可以肯定的是，錢天起回國後開始棄式芬之名而用天起。一九三〇、四〇年代，錢天起主要工作生活於上海。臺灣作家繆天華與錢天起同鄉，二〇年代末三〇年代初在吳淞中國公學讀書，他晚年撰文〈超人和逸庵〉，回憶在上海遇到兩位性格極端相反的朋友。一位是超人，即後來寫出《延安一月》的名記者趙超構。「他的一切，如果用一個字來形容，就是『快』。」還有一位逸庵，即錢天起。「他平時沉靜寡言，遇到生客，他常是坐著諦聽，間或點頭微笑；偶然應答幾句，又總是用和悅的聲音，回答得非常得體，因為人家對他第一次的印象多是：『這個人不錯，好像很有學問。』吃飯時，我看他總是細嚼慢吞，這是他的明顯的特點。他的態度穩重老練，朋友之間假如發生了什麼解決不了的事，常要請他設法。」繆天華說，錢天起去過日本，「愛好日本的文學」。「閒居江邊，賃一間民房住下來」，曾作一首打油詩：「午睡醒時日已斜，忙穿襪子訪天華。

吳淞江畔潮已退，陌上人歸踏落花。」反映當時散淡的生活狀態。不久，錢天起到一所私立中學教書，頗得校長器重。因為校長喜歡書法，而錢天起寫一手好字，「蒼勁多姿」，初學翁松禪，後喜米友仁、蘇東坡的墨跡。繆天華抗戰時到福建永安教書，傍晚細雨，觸發旅愁，寫了一首絕句寄給錢天起。錢天起和了一首，寫在一張條幅上寄了過來。繆天華一直珍藏著，後將之作為這篇回憶文章的插圖。我正是從這張條幅認出逸庵原來就是錢天起，進而知道錢天起這段往事的。一九三七年，錢天起還受老家瑞安海安鄉親之託書寫〈重修鮑海湫陡門記〉碑文，可見他的書法被人認可。

繆天華說錢天起擅長作文，他可能不知道錢天起在十中就讀期間就在《浙江十中中學部期刊》一九二五年第二期發表〈登華蓋贈友人〉、〈月下寄所思〉、〈夜坐口占〉、〈彷

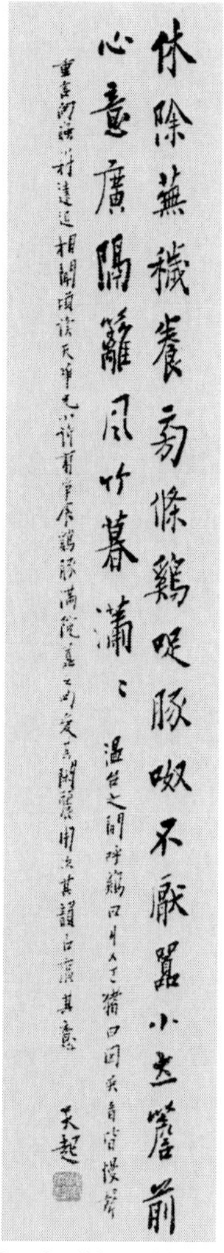

錢天起贈繆天華書法

佛〉等四首詩歌，表現出對文學的興趣。這期雜誌還載有後來創作出小說《小小十年》的葉永蓁以及擔任過中央日報社長馬星野（馬偉）的作品。當時，「擎了新文藝火炬到溫州，使那裡的新文學運動頓放光明」的朱自清才離開省立十中，校園文學氛圍濃烈。繆天華可能也不知道，錢天起在北京讀大學時，曾寫信給劉半農參與討論《何典》語言問題。

繆天華只是惋惜錢天起「寫得太少了」。「散文有〈驛和站〉等短篇，曾在什麼雜誌上刊登出來，文字和意境都極優美。我的作品，偶然經他修改，覺得受益無窮。」錢天起寫的確實不多，除了〈驛和站〉（刊於《中央日報》一九三三年十二月十八日、《人間世》一九三四年第六期），還有〈隱士〉（刊於《人間世》一九三四年第八期）、〈海外婦女動向〉組稿（刊於《女聲》一九三四年第二卷第十一期、第十三期）、〈祖父的遺詩〉（刊於《蔥蘢》一九三五年第一期）、〈十五年來暑假生活〉（刊於《青年界》一九三六年第一卷第一期）、〈四月中旬日記〉（刊於《青年界》一九三七年第十二卷第一期）、〈學費問題的我見〉（刊於《申報》一九四五年一月二十一日）、〈中學國文教學教材問題書面意見〉（刊於《現代教學叢刊》一九四九年第二卷第一期）等，署名錢式芬的則有〈德國共產黨的失敗與蘇俄〉（刊於《中國與蘇俄》一九三三年第二卷第五期）。

錢天起曾為董每戡《永嘉長短句》作序（刊於《溫州新報》一九三三年一月十八日至二十一日），署名錢易寒。而繆天華的回憶文章還提到一段趣聞：有段時間錢天起生活窘迫，以春蕪女士為名參加《時兆月報》舉辦的「一封戀愛不忘革命的情書」徵文活動，期望獲獎來改善生活。結果獲得第二名，得到一筆獎金。武昌一軍校學生以為春蕪女士真是一位多情女子，來信求愛，錢天起假裝春蕪女士跟他通信，最後那學生要到上海來看他，他不得不找藉口拒絕了。其實，繆天華的記憶有誤，舉辦徵文活動的並非《時兆月報》，而是《時事月報》，所用筆名也非春蕪女士，而是繆春蕪，獲得的名次也非第二名，而是第一名。該刊一九三一年九月第五卷第三期公布了獲獎名單，云應徵者不下四千，第一名獎金為二十元；同時刊登了七篇獲獎文章，題目為〈戀愛不忘革命的一封情書〉。據此線索，我檢索到錢天起還以這個繆春蕪及繆春蕪女士之名發表過〈灶下隨筆〉（刊於《珊瑚》一九三三年第二卷第六期、第七期）、〈結婚制度之史的變遷〉（刊於《女青年月刊》一九三三年第十二卷第七期）、〈兩性之科學的比較〉（刊於《女青年月刊》一九三三年第十二卷第十期）、〈現代婦女的婚姻問題〉（刊於《女青年月刊》一九三四年第十三卷第七期）、〈明月調箏樓韻語〉（刊於《小說月報》一九四〇年九月七日、九月二十日）等。

他文章中最有影響的當屬〈隱士〉，被認為是讚美以現代隱士自居的周作人、林語堂等。魯迅讀後隨即寫了篇同題文章批判：「泰山崩，黃河溢，隱士們目無見，耳無聞，但苟有議及自己們或他的一夥的，則雖千里之外，半句之微，他便耳聰目明，奮袂而起，好像事件之大，遠勝於宇宙之滅亡者，也就為了這緣故。其實連和蒼蠅也何嘗有什麼相關。」周作人見之亦寫了篇〈老人的胡鬧〉回應。此文至今還是研究周氏兄弟經常被引用的文章。

錢天起還編過一本《學生國文學類書（工具之部）》，為國光中學叢書之一種，於一九三六年九月由文學書房出版。此書由章太炎題寫書名，含〈世界文學名著提要〉、〈世界文學作家事略〉、〈中國文學作家事略〉、〈中國現代文學作家事略〉、〈中西文學年表〉、〈中國歷代首都沿革表〉、〈古書難字釋例〉、〈日常用字辨異〉等九文，並附〈國學要籍舉目〉、〈注音字母發音表〉、〈中國

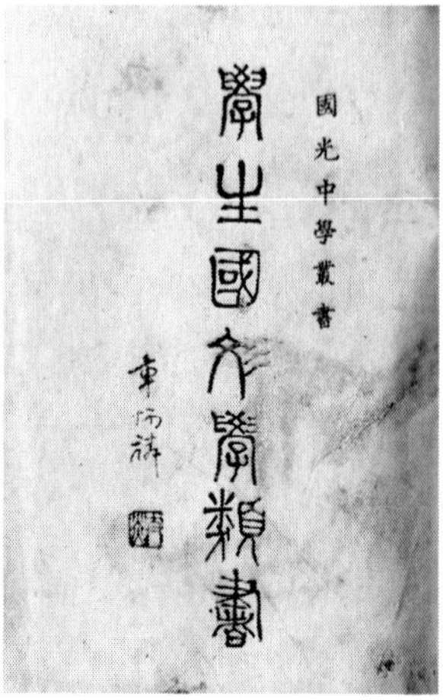

錢天起編《學生國文學類書》，章太炎題寫了書名

歷朝起訖與西曆對照表〉、〈歷代統系表〉等五文。該書〈序列〉有云：「本類書專供學生國文科參考之用，計分工具、思想史、文學史三部。此為第一輯工具之部。」、「計自著手編纂，以迄成書，歷五十餘日」，可謂快手。此書實乃錢天起用辭典之體例編寫中外文學史，可惜未見思想史、文學史兩部問世。此書已漸受學界關注，上海社會科學院法學所胡譯之撰文〈荷馬的十三個中文名字〉（刊於《文匯學人》二〇一七年十一月十七日），認為在荷馬（Homer）及其作品《伊利亞德》、《奧德賽》傳入中國的過程中，他的名字先後被翻譯成和馬、馬和、侯美爾、賀梅爾、和美耳、河滿、何滿德、訶美洛思、何美洛思、鄂謨爾、鄂謨、和馬婁斯、荷馬種種，錢天起在編寫《學生國文學類書》時，擯棄其他諸多譯名，只說「荷馬或稱荷馬洛斯」了。待到抗戰結束，「荷馬」這一譯名遂成共識。

三

上海國光中學籌辦於一九三二年，正式開學在一九三三年三月，當年秋季出版了介紹學校相關情況和規章制度的《國光中學一覽》，內列教職員名單，未見登錄錢天起資訊。可見，錢天起是一九三三年秋季後入職的。一九四〇年六月，國光中學改名國強中學，聘錢天起為校董。一九四二年下半年上海局勢趨緊，國強中學無法正常上課，錢天起回溫躲避戰火，受聘於永嘉縣立中學。時金溟若編選《國文活頁文選》，作為初級中學教材，請錢天起校閱。此書一九四二年十二月由山海出版社出版發行。時局穩定後，錢天起重返國強中學。一九四三年十二月十五日，日本憲兵闖入校園，帶走了錢天起等人，校方呈報上海市特別政府取保才予以釋放。

杭州淪陷後，之江大學在滬復課，夏承燾也來到上海。一九三八年十二月七日，夏承燾第一次拜訪錢天起，其日記云：「天五欲與予同住，約明日往看。十一時同訪錢天起，雁迅戚友也。」雁迅姓陳，也是瑞安人，無錫國專畢業。而此前錢天起在〈《永嘉長短句》序〉中表達對夏承燾的敬慕之情：「永嘉詞人，除盧祖皐為一代名家外，余都不足道。近人夏癯禪風流蘊藉，聽說其詞也像其人，恨未得見其詞其人。」一九三九年至一九四二年間，夏承燾與錢天起時有來往，夏承燾日記記有多條。一九四二年三月十三日，夏承燾還到錢天起那裡借了一本周作人《苦茶庵笑話選》來看。一九五〇年三月十三日，夏承燾寫信給吳鷺山問錢天起情況，夏承燾從陳雁迅處聽說錢天起新任上海市府祕書主任。夏承燾日記最後提到錢天起是在一九六〇年八月四日，他們同在北京參加作協大會。這是後話了。

錢天起是上海民盟早期盟員。一九四七年十二月，民盟上海市支部成立，錢天起擔任第十區分部主任。一九五〇年十月，錢天起當選上海各界人民代表會議代表。一九五一年，錢天起調入剛剛創辦的平原師範學院，任副教務長及民盟中央直屬新鄉市小組組長。據董每戡兒子董苗先生說，錢天起去平原師院學院任教是他父親向趙紀彬推薦的，當時他的叔叔董辛名也在平原師院學院。錢天起與董每戡訂交於日本留學時期，錢天起為董每戡《永嘉長短句》寫序言時，對董每戡之學問與為人有極高的評價，而後二人又同為上海民盟盟員。

一九五三年八月，平原師範學院與河南大學合併成為河南師範學院，之後錢天起擔任過二院教務長、本部院長助理等職。一九五六年十一月，河南師範學院又進行了一次調整，本部和二院分別定名為開封師範學院和新鄉師範學院，錢天起調任開封師院學院院長助理、中文系主任。那時候，錢天起還擔任《開封師範學院學報》編委會副主任、校圖書館首屆委員會主任，並是民盟河南省委第二屆委員，第三、第四屆常務委員。一九五九年十月十三日，周恩來視察黃河三門峽水利樞紐工程工地，開封師範學院中文系一千兩百多名師生正在工地進行勞動鍛鍊，作為系主任的錢天起回答了周恩來提出的數個問題。

開封師範學院中文系一九六二級學生祝仲銓寫過一篇〈春暉曲〉，回憶錢天起的入學「訓話」。祝文說，錢天起當時提了很多要求和設想。一是對教師有要求：提高教學水準，完成研究任務。二是對學生有要求：珍惜時間，刻苦學習，畢業時要通過畢業論文，進行畢業答辯。錢天起還參考北京大學中文系的課程設置安排教學，意在提升中文系的整體水準，振興中文系。

一九六三年二月，錢天起升任副院長。一九六四年八九月，全國開始批判電影《早春二月》，錢天起寫了〈有關人道主義的幾個問題——在《早春二月》討論中所想起的〉，對《早春二月》進行了強烈的抨擊。這是目前能檢索到的一九四九年後錢天起寫的唯一文章，而他在河南師範學院校史、河南大學校史中所留下的「精於漢語教學，尤工於語法修辭學」、「古漢語詞彙學家，二級教授」、「學識淵博，治學刻苦認真，在語言學、文字學等領域曾發表不少較大影響的論文，具有相當高的造詣」的形象，幾乎沒有什麼資料可以來印證。我曾透過河南大學校史館館長王學春找到錢天起的兒子錢大梁先生，他說父親的手稿在「文革」中都被抄走了，有一本語言學著作不知下落，存於學校的檔案亦失於火災。

據《河南師大校史稿一九一二——一九八二》記載，錢天起在「文革」初期就被打成「反動學術權威」，關進牛棚；一九六八年「清理階級隊伍」時，又被誣陷為「國際間諜」，自縊而死。

河南大學黨委統戰部網站刊有河南大學黨委統戰部原部長杜明〈我的回憶〉，總結在任期間所做工作，提及一九八三年四月初「為副院長錢天起開追悼會。追悼會之前統戰部做了很多工作，起初其家屬提出是他殺，不是自殺，為此市委統戰部和我校組織調查組在學校和市內外地進行調查，最後確定仍是自殺。家屬又提出二女兒安排問題，其伴侶要求印刷廠安排其女兒工作，與政策不符，後經請示省統戰部將其女兒安排到中文系資料室。最後又提出登報問題，要求在《人民日報》或《光明日報》上登訃告，後登了《光明日報》。這一工作從調查請示到和家屬協商解決問題，前後歷時將近一年」。

關於錢天起的死，新近出版的《董每戡書信輯存》收錄一封一九七九年十二月六日董每戡致林亦龍函有所涉及：「他（指王季思）到開封『講學』，碰到天起伴侶，知最近平了反，可能跟我一封信有關。我分析短遺囑是假的，並證明天起歷任都是代我的，一直工作沒缺點，絕非自殺，而是被迫害死的。也許他將信交上級，拖了幾年的申訴，忽處理了。」但董每戡筆鋒一轉，又說「天起對辛名、對我都不大夠朋友，我一直（自六八〔年〕起多次寫外調資料）都始終如一的為他說好話，我絕不歪良心。我二十多年來在死的邊沿走，能活下來，我迷信都因沒有害人之故」。我向董苗先生請教個中原委，他說錢天起在「反右」期間曾「無情揭發」他父親和叔叔。「那個時代為了自保，也可以理解。」董苗先生感慨了一番。

無論錢天起，還是董每戡，他們的一生大概是可以作為中國百年知識分子命運的縮影來考量的。

王服周事蹟

本文寫於二〇二〇年十月二十七日，收錄於《溫州文史研究館館刊》第一集，文匯出版社二〇二一年四月版。

張宗祥《鐵如意館題畫詩》內有一首〈為溫州友人畫山水〉：「梅雨亭中幾度遊，十年塵夢憶溫州。仙岩瀑布應無恙，看瀑人今已白頭。」《不滿硯齋稿》也收錄此詩，「無恙」改作「如舊」，題為〈為王服周兄畫山水即題其上〉。（見上海古籍出版社《張宗祥文集》）由此可知，這位溫州朋友是王服周。

記得五年前盧禮陽先生為撰〈張宗祥與溫州人士交遊考略〉曾發郵件來詢王服周生平，我只查到《溫屬六縣旅渝同鄉會檔案》有這個名字，匆匆作覆。盧先生這篇大作近在其微信公眾號上才拜讀到，其中對王服周生平只提道：「王服周生平未詳，抗戰時期逗留重慶，一九四五年四月浙江省溫州旅渝同鄉會會員名冊上有他的名字，僅此而已。」但盧先生的個人微信、微博展示了些新發現：「王服周，一作復周，名冕。」〈張炳勳先生談王冕〉：「王冕先生與敝家有戚誼，知其鱗爪，或君早知，不知有助否？王冕先生字復周，後更為服周。十三歲進學，許為神童，播為佳話，樂清光緒縣志修成延期未刊，至民國元年由黃式蘇、高誼、鄭解、王冕重校付刊。王後亦攻新學，於一九〇九年畢業於溫州府中學堂，繼於上海入金融界，供職於某銀行。曾介紹一同鄉為金庫管理，哪料該人監守自盜，攜款外逃，迄無歸案，致王亦有連累。鼎革後定居上海，與孫愚谷先生有來往，常乞孫撰輓聯。後其迄無回樂，詳情不知，無人可探問矣！」這使我有了把王服周的生平再查個究竟的興致。

翻《溫州百年》歷屆學生名錄，宣統元年（一九〇九年）下學期畢業十八人名單中有王冕，同學中有後來成為書畫家的馬孟容、馬公愚昆仲及詩人陳仲陶、金融界人士劉孔鈞等。一九〇二至一九二〇年教職員工名單有王冕、王復周，說明他曾留校任教。不過該書編者以為王冕、王復周是兩人，重複出現，應合併為一人。

溫州府中學堂畢業後，王冕考入清華學校，一九三三年和一九三七年《清華同學錄》均錄有王冕（服周，籍貫浙江樂清），但分別歸入前肄業生同學錄、肄業生同學一欄，可能當時聯絡不到王冕，檔案中又查不到，只好歸入肄業生類別。

一九二〇年代初，王服周活躍於寰球中國學生會。此會是中國最早的留學服務團體，由李登輝為首創辦於一九〇五年，會所設在上海。檢《寰球中國學生會週刊》，發現數條王服周線索。一九二一年七月二十一日第一一三期會員消息專欄有「王服周先生來滬履新」簡訊：「本會會員、前奉天中國銀行行長王服周先生，現由上海浙江絲綢商業銀行聘為經理，已於前日

晚年王服周（王興裕提供）

來申視事。」可知任浙江絲綢商業銀行經理之前，王服周擔任過奉天中國銀行行長。一九二一年十月《寰球中國學生會年鑑》第二期、一九二一年十月三十日《寰球中國學生會週刊》第一二四期、一九二一年十一月三日第一二七期《寰球中國學生會週刊》則刊有王服周照片，分別為表彰贊助本會最有力者及介紹第三十屆徵求會。

王服周在上海時與溫州同鄉還保持著聯絡，可舉兩例。一是劉祝群一九二三年五、六月間有上海、杭州之行。《疚廎日記》六月五日記，周守良、王服周、徐寄廎先後來訪。二是張棡為他兒子張豐謀職，曾寫信給黃溯初、徐寄廎、朱隱青等人求助，其中一封寫給王服周，《張棡日記》一九二三年六月三十日有記。信中說：「別十餘年，未通魚雁，甌樹江雲，時馳夢轂。比稔賢弟掌管銀行，潤身潤屋，陶猗聲名，已大非昔日書生面目矣，健羨之至。」張棡所提「別十餘年」，當指在溫州府中學堂共事之日。王服周是張棡的學生，後成為同事。王服周結婚，張棡送過人情。《張棡日記》一九一〇年五月十日有云：「付王君復周婚娶人情大洋一元。」後來王服周四處奔波，他們一度無法互通音信。王服周上海的聯絡地址，張棡是從黃溯初那裡問來的。老師託辦的事，王服周很上心。《張棡日記》一九二三年七月二十八日記：「晚從莘塍郵局接到豐兒上海西門學生籌備所處平安信兩封，一、六月初一發，一、六月十一發者，信中言：銀行尚無位置，承王復周照應，先入南京高級商業簿計暑假專修科學習一月，以備入實業手續。因即於燈下寫一長函覆之，並寄一函與復周也。」一九三五年七月六日，張棡還為另一個兒子張崟的事寫信給王服周，「託其照應」。

一九三〇年代，王服周還擔任過江西裕民銀行武寧分行行長

一九四〇年代，短暫擔任江蘇地方銀行泰縣分行行長後（《上海銀行業概況》，見中國時代經濟出版社《中國近代沿海城市經濟研究文獻叢刊》第一一冊），王服周來到重慶工作，轉任中國農民銀行會計處處長。該行辦的《本行通訊》一九四一年第十六期、第二十一期及一九四二年第三十期，曾刊登王服周三篇工作報告。當時，中央銀行、中國銀行、交通銀行、中國農民銀行四家曾成立聯合辦事處，擬制訂銀行業標準會計制度，從統一各銀行會計科目

一九五三年，王服周（前排右一）與太太陳玉芬（前排中）等家人在上海復興公園留影（原刊《冠廷詩詞集》）

名稱及內容著手，王服周任設計委員會副主任委員。

透過翻閱書刊和檢索相關資料庫，雖然知道了王服周大致的履歷，但他生於何年，去世於何時，一九四九年後他又在哪裡工作，依然是個謎。這時我發現上海交通大學出版社出版的《冠廷詩詞集》提到王服周，即在網路上下單買了一本。此書原是紀念胡廷黼的，胡廷黼為滬上名醫、震旦大學教授，可惜英年早逝。令人興奮的是，原來胡廷黼是王服周的兒女親家，而且胡廷黼夫人陳蓉芳和王服周夫人陳玉芬還是堂姐妹。該書編者胡安東是胡廷黼的孫子、王服周的外孫，他有文章回憶：「說到外婆和外公王服周的結合，也是有小插曲的。從祖父日記中可以看到，祖父和祖母常常在茶後飯餘討論外公和外婆的婚事。祖父當年認為外婆可以嫁得更好，他認為外公是續弦，即前妻去世了再找外婆結婚，所以祖父認為這婚姻對外婆有點不夠十全十美。其實現在看來這件婚姻卻是十分美滿。外公十分疼愛外婆，此話一點也不假，我們小輩也是有目共睹的。再說外公王服周在學識上也相當了不起，畢業於清華學堂（清華大學的前身），母親跟我說過外公是福建（按，應為浙江）樂清市末代秀才。所以我對外公絕對是肅然起敬、五體投地的！再說外公身材高大、一表人才，即使拿到如今社會也是一個大帥哥，人見人愛的萬人迷，或者叫作白馬王子吧！所以當年外婆嫁給外公是郎才女貌，不說是絕配，也謂天仙配。不信大家可以看看王家後代，從我們熟悉的大舅舅、三舅舅到五舅舅，哪個不是才氣沖天、一表人才。即使是外公外婆的獨生女，我們的母親王筱玉，也是上海藥品商檢科大名鼎鼎的王科長，當年進入上海的每一種藥品都要經過母親所在的上海市醫藥公司商檢科的檢驗和批准，人命關天，責任重大。關於外公還有一件事我記憶深刻。我在興國路外公家玩時，讀過外公的自傳，內中說道：『我一身清白，我在政治上不介入任何一方，堅決不參加國民黨。』現在看來當年以外公在農民銀行的高階管理人位置，不加入國民黨是件不容易的事，是有眼光的。」

我按照書中留下的聯絡方式向胡安東先生寫了封信，請教他外公的生卒之年，並問王服周自傳尚在否。但遲遲未接到回覆，又只好電話求助於該書的另一編者——上海交通大學醫學院檔案館劉軍館長，請她轉告。幾天後，我接到胡安東先生的電話，給了新的電子信箱。他說不清楚外公更詳細的生平，但他的小舅舅肯定知道。就這樣，我與王服周的小兒子王興裕先生聯絡上了。王興裕先生告訴我，他父親生於西元一八九一年五月五日，卒於一九六三年三月二十四日，享年七十三。父親的祖母行醫，得其資助才成就了父親的學業。本要出國，但他祖母去世就放棄了留學念頭。父親是有名的孝子，一九六〇年前曾回鄉探親，鄉間船夫皆知其孝名。後一直在金融業服務，一九四五年後在上海立信會計學校任教。父親的自傳已遺失。他記得家裡曾有張珍貴的照片，是父親溫州府中學堂第一名畢業的獎狀。

張炳勳先生所提王服周受牽連事，發生在江西裕民銀行任內。王興裕先生說，父親要償還失竊的資金，因此背了一身債務。雖然任銀行高層主管，但家中並不富裕。監守自盜之人一九六二年到上海找到父親，負荊請罪，父親原諒了他。

王興裕先生說，父親的結髮妻因難產而亡，但孩子保下來了，即他的同父異母大哥。她母親生育了十二個子女，活下來只四男一女。他是最小的兒子，生於一九三三年，當時父親四十二歲，在江西裕民銀行任職，故取裕字為名。大哥王伯顏、二哥王興和、三哥王興衡、四哥王興震、姐姐王筱玉都受過很好的教育，曾在西南聯大、中央政治學校等校就讀，現已去世。他自己則畢業於海軍工程學院（現中國人民解放軍海軍工程大學），轉業地方後在上海交通大學任教，擔任過上海市高教電化教育館副館長、上海高教錄影出版社副社長兼總編輯等職，在上海市教育委員會退休。

關於王服周事蹟至此已大致清楚，我請王興裕先生寫篇回憶文章，以補民國溫州人物志。雖然王服周今日名不見經傳，但當年能入溫州府中學堂、清華學校者，當為人中龍鳳、甌之驕子。

後記

這本小書收錄的文章是近十年寫的，還是關於民國學人生平的考證和介紹，可視為《民國文化隱者錄》續編。只有十多篇文章，看起來很單薄，而且新意也不多，好幾位人物在《民國文化隱者錄》裡提過，有吃老本之嫌。寫法上，還是固執老的一套，偏重於瑣碎的鉤沉，講點小人物的故事。我承認，我有考據癖，讀書中發現那些少有人關注的配角，總想探個究竟，並樂在其中。然而，這何嘗不是芸芸眾生的常態。歷史長河流淌而過，能讓人記住的名字微乎其微。極大多數人，活著的時候就已被淹沒了。

幾位好心的朋友提醒我要讀點理論的書，這樣寫起來別開生面。我倒也看過幾本理論的書，就是不入腦不動心。每次寫的時候，總回到老路上。可能對理論還吃不透，也可能心底對理論有點牴觸。現在很多所謂理論高深的文章，味同嚼蠟者比比皆是。我想，人文學科的寫作，除了探索深度，還要追求溫度。同時，追求溫度要掌握分寸，懂得克制。如果體會不到人的情感，只孤立的借用理論、概念或貌似客觀的立場，路也是難以走出來的。當然，我的說法並無多創見，很多同道早已在實踐。我不過為自己的笨拙找點藉口罷了。

向繼東先生要編一套「小叢書」，篇幅要求十來萬字，做成小開本，我知道他一定還有小而精、小而美的想法，承蒙不棄，接納了我這本小書，感謝他的寬容。向謝放女士致敬，感謝她細心的編輯工作。

書名「一生懷抱幾人同」，出自吳鷺山的詩，我在琦君的文章裡讀到。吳鷺山贈給夏承燾的詩，寫在琦君的紀念冊上。「騰騰塵土閉門中，但說龍湫口不空。怪底君心無物競，只應吾道坐詩窮。片雲過海皆殘照，新月當樓況好風。莫負明朝試櫻筍，一生懷抱幾人同。」吳鷺山後來沒有把這首詩收錄在他自己的詩集。夏承燾日記所錄略有不同：「騰騰塵土閉門中，但說龍湫口不空。底怪君心無物競，只應吾道坐詩窮。片雲過海皆殘照，孤月當樓況好風。莫負明朝試櫻筍，平生懷抱幾人同。」時一九四〇年六月六日，夏吳同客滬上。「夕過天五談，新和予一詩甚佳。」

方韶毅

二〇二三年三月二十四日

官網

國家圖書館出版品預行編目資料

一生懷抱幾人同：民國學人生平考索 / 方韶毅 著，向繼東 主編 . -- 第一版 . -- 臺北市：崧燁文化事業有限公司 , 2023.04
面； 公分
POD 版
ISBN 978-626-357-304-8(平裝)
1.CST: 人物志 2.CST: 中國
782.18 112004882

一生懷抱幾人同：民國學人生平考索

臉書

作　　者：方韶毅
主　　編：向繼東
發 行 人：黃振庭
出 版 者：崧燁文化事業有限公司
發 行 者：崧燁文化事業有限公司

E-mail：sonbookservice@gmail.com
粉 絲 頁：https://www.facebook.com/sonbookss/
網　　址：https://sonbook.net/
地　　址：台北市中正區重慶南路一段六十一號八樓 815 室
Rm. 815, 8F., No.61, Sec. 1, Chongqing S. Rd., Zhongzheng Dist., Taipei City 100, Taiwan
電　　話：(02)2370-3310　　傳　　真：(02) 2388-1990

印　　刷：京峯彩色印刷有限公司（京峰數位）
律師顧問：廣華律師事務所 張珮琦律師

定　　價：375 元
發行日期：2023 年 04 月第一版
◎本書以 POD 印製